普通高等教育教材

U0663897

立德树人
改革与实践
大学生入学教育教程

黄佳祯　项　勇　主编

化学工业出版社

·北京·

内容简介

《立德树人改革与实践：大学生入学教育教程》的编写坚持以习近平新时代中国特色社会主义思想为指导，深入贯彻落实"时代新人铸魂工程"要求，根据人才培养目标，结合学生成长规律，充分发挥"三全育人"合力，力求实现高校新生入学教育课程化。本书充分考虑学生成长规律和差异化发展特点，从认识大学、专业以及人才培养要求入手，到环境适应、学业管理、心理健康教育、纪律规矩以及锻炼提升等方方面面，系统讲解了高等学校学习生活特点和规律。

全书分为 3 个篇章，共计 11 章。上篇为"怀揣梦想，初识大学"，包括认识大学、我国的专业发展及人才培养、环境适应；中篇为"自我调整，养成教育"，包括学业管理、安全教育、大学生心理健康、纪律与规范；下篇为"梦想启航，就业创业"，包括资助与社保、锻炼提升、职业生涯规划、国内考研与出国留学。

本教材注重学生基础知识和分析能力的培养，具有一定的综合性、实用性和可读性，既可作为高等院校思想政治辅导员和学业导师开展新生入学教育的教材，也可作为从事思想政治教育教学和课程思政相关教师的业务学习用书和培训用书。

图书在版编目（CIP）数据

立德树人改革与实践 ： 大学生入学教育教程 / 黄佳祯，项勇主编 . -- 北京 ： 化学工业出版社，2025. 9.（普通高等教育教材）. -- ISBN 978-7-122-48415-4

Ⅰ. G645.5

中国国家版本馆CIP数据核字第20255FT649号

责任编辑：刘丽菲		文字编辑：尉迟梦迪
责任校对：王鹏飞		装帧设计：张　辉

出版发行：化学工业出版社（北京市东城区青年湖南街 13 号　邮政编码 100011）

印　　装：北京建宏印刷有限公司

787mm×1092mm　1/16　印张 10½　字数 249 千字　2025 年 10 月北京第 1 版第 1 次印刷

购书咨询：010-64518888　　　　　　　　售后服务：010-64518899

网　　址：http://www.cip.com.cn

凡购买本书，如有缺损质量问题，本社销售中心负责调换。

《立德树人改革与实践：大学生入学教育教程》编写团队

主　编：黄佳祯　　项　勇

副主编：廖　磊　　王　凤　　李　超

参　编：杨　翠　　范锡林　　齐　鑫　　李　姝

支持项目：

四川省高等教育学会应用型本科高校基础课程与教材教学改革研究专项课题——三全育人改革与实践：大学生入学教育教程新形态教材建设（JS-2025-ZD-09）

四川省高等教育人才培养质量和教学改革项目——专业认证下地方高校工程教育人才培养质量提升实践与研究（JG2024-0795）

四川省高等教育人才培养质量和教学改革项目——"三聚焦三协同"新工科人才关键性非技术能力培养研究（JG2024-0787）

教育部人文社会科学高校辅导员研究项目——总体国家安全观视域下大学生国家认同观培育策略与实践路径研究（21JDSZ3163）

西华大学教育教学改革研究项目——基于案例教学法的专创融合实现路径研究（xig2023067）

西华大学教育教学改革研究项目——"三聚焦三协同"土建类学生关键性非技术能力培养研究（xjig2023014）

前　言

立德树人是教育的根本任务，更是高校的立身之本。新生入学教育作为新生入校后的第一堂课和关键一课，是教育教学中不可或缺的组成部分，也是开展思想政治教育的基础性工作，这对新生尽快适应大学、顺利实现角色转变起着关键作用。西华大学建筑与土木工程学院作为四川省第二批"三全育人"综合改革试点院（系），始终坚持以习近平新时代中国特色社会主义思想为指导，深入贯彻落实"时代新人铸魂工程"要求，根据人才培养目标，结合学生成长规律，充分发挥"三全育人"合力，探索构建更具适应性要求的大学生入学教育新范式，引领新生坚定理想信念，树立远大理想，厚植爱国爱党爱校情怀，合理规划大学生涯，努力成为担当民族复兴大任的时代新人。

教材编写团队在深入调研部分高校新生入学教育实际情况的基础上，结合当前的育人要求、人才培养目标以及行业特点编写本书。本书有以下特色：

第一，在目标设置方面，充分融入"办好中国特色社会主义大学，要坚持立德树人，把培育和践行社会主义核心价值观融入教书育人全过程"等内容。以新生为对象，根据人才培养前置需求，围绕解决好培养什么人、怎样培养人、为谁培养人这个根本问题，立足培养社会主义建设者和接班人这个使命责任，教育引导新生树立正确的世界观、人生观、价值观。

第二，在实施路径方面，充分融入"要坚持把立德树人作为中心环节，把思想政治工作贯穿教育教学全过程，实现全程育人、全方位育人，努力开创我国高等教育事业发展新局面"等内容。以适应性教育为导向，突出学生主体地位和差异化特点，结合政策数据和实例解读教材中相关内容，让新生更加直观地了解高等教育规律和特点，从而尽快适应大学的学习和生活，顺利实现角色转变。

第三，在检验标准方面，充分融入"要把立德树人的成效作为检验学校一切工作的根本标准，真正做到以文化人、以德育人，不断提高学生思想水平、政治觉悟、道德品质、文化素养，做到明大德、守公德、严私德"等内容。教材充分考虑学生成长规律，从认识大学、专业以及人才培养要求入手，到环境适应、学业管理、心理健康教育、纪律规矩以及锻炼提升等方方面面，由浅入深，做到条理清晰，内容易懂，力求全面客观帮助新生了解学校、热爱学校、融入学校。

　　本教材结构体系完整，构架思路清晰，在知识点介绍过程中配有实际案例进行解读，知识点分析过程详略得当，能够帮助读者加深理解、巩固所学知识。同时，本教材还为高校思想政治辅导员、学业导师以及学生等提供电子课件。全书大纲由西华大学项勇教授提出并进行整体构思。各章具体内容编写人员分工如下：第一章由西华大学范锡林老师编写；第二章由西华大学李姝老师编写；第三章、第七章、第九章和第十章由西华大学黄佳祯老师编写；第四章由西华大学杨翠老师编写；第五章由西华大学王凤老师编写；第六章由西华大学齐鑫老师编写；第八章由西华大学李超老师编写；第十一章由西华大学廖磊老师编写。全书由项勇老师和黄佳祯老师进行审读和调整。

　　由于教材编写团队水平有限，书中难免会有不足之处，恳请读者在教材的使用过程中提出问题、批评指正，以便再版时修改、完善。

编　者

2025 年 4 月

目 录

中篇 自我调整，养成教育

上篇

怀揣梦想，初识大学

第一章　认识大学

从中学来到大学，同学们怀揣着对大学生活的向往，这里有学识渊博的老师、有来自五湖四海的同学；有艺术报告厅、体育馆、校史馆和图书馆；有丰富多彩的讲座、妙趣横生的社团活动和各种各样的竞赛活动。大学里的每个角落都充满青春的活力和诗意的召唤。在大学校园中，你将品尝到奋斗的快乐、收获的喜悦，遇到志同道合的伙伴，书写自己的青春故事。

1.1　中国的高等教育

1.1.1　高等教育的内涵和使命

建设教育强国，是全面建成社会主义现代化强国的战略先导，是实现高水平科技自立自强的重要支撑，是促进全体人民共同富裕的有效途径，是以中国式现代化全面推进中华民族伟大复兴的基础工程。当前，世界百年未有之大变局加速演进，新一轮科技革命和产业变革突飞猛进，国内改革发展稳定任务艰巨繁重。高等学校应全面贯彻党的教育方针，坚持以人民为中心发展教育，主动超前布局、有力应对变局、奋力开拓新局，加快推进教育现代化，以教育之力厚植人民幸福之本，以教育之强夯实国家富强之基，为全面推进中华民族伟大复兴提供有力支撑。

1.1.1.1　高等教育的性质

《中华人民共和国教育法》第三条指出："国家坚持中国共产党的领导，坚持以马克思列宁主义、毛泽东思想、邓小平理论、'三个代表'重要思想、科学发展观、习近平新时代中国特色社会主义思想为指导，遵循宪法确定的基本原则，发展社会主义的教育事业。"第四条指出："教育是社会主义现代化建设的基础，对提高人民综合素质、促进人的全面发展、增强中华民族创新创造活力、实现中华民族伟大复兴具有决定性意义，国家保障教育事业优先发展。"

发展高等教育是面对复杂激烈的国际竞争，促进我国社会主义现代化建设的战略性、根本性、历史性选择。《中华人民共和国教育法》从法律上明确了我国教育的性质，也明确了我国高等教育是社会主义性质的高等教育。

1.1.1.2　高等教育的方针

《中华人民共和国高等教育法》第四条指出："高等教育必须贯彻国家的教育方针，为社会主义现代化建设服务、为人民服务，与生产劳动和社会实践相结合，使受教育者成为德、智、体、美等方面全面发展的社会主义建设者和接班人。"

【阅读材料】

党的二十大报告指出，教育、科技、人才是全面建设社会主义现代化国家的基础性、战略性支撑。高校是教育高地、科技高地、人才高地的融合体，实现高等教育现代化是建设教育强国、科技强国、人才强国的重要内容和途径，是全面实现以中国式现代化推进中华民族伟大复兴的先导和基础。

习近平总书记在考察清华大学时指出，"一个国家的高等教育体系需要有一流大学群体的有力支撑，一流大学群体的水平和质量决定了高等教育体系的水平和质量。"当前，我国正处于全面建设社会主义现代化国家的攻坚期，高等教育进入高质量发展阶段，如何构建高质量高等教育体系，以适应社会主义现代化国家建设需要，既是机遇也是挑战。我们要建设的高质量高等教育体系，从根本上讲，既要把立德树人的成效作为检验学校一切工作的根本标准，真正做到以文化人、以德育人；又要立足新发展阶段、贯彻新发展理念、构建新发展格局需要的体系，培养好担当民族复兴大任的时代新人。

习近平总书记在2023年中共中央政治局第五次集体学习时发表重要讲话指出，"以立德树人为根本任务，以为党育人、为国育才为根本目标，以服务中华民族伟大复兴为重要使命"，"培养什么人、怎样培养人、为谁培养人是教育的根本问题，也是建设教育强国的核心课题。"

1.1.1.3　高等教育的任务

《中华人民共和国高等教育法》第五条明确指出："高等教育的任务是培养具有社会责任感、创新精神和实践能力的高级专门人才，发展科学技术文化，促进社会主义现代化建设。"

高等教育的任务内容：

（1）《中华人民共和国高等教育法》第六条指出"国家根据经济建设和社会发展的需要，制定高等教育发展规划，举办高等学校，并采取多种形式积极发展高等教育事业。"同时，国家鼓励企业事业组织、社会团体及其他社会组织和公民等社会力量依法举办高等学校，参与和支持高等教育事业的改革和发展。

（2）《中华人民共和国高等教育法》第七条指出："国家按照社会主义现代化建设和发展社会主义市场经济的需要，根据不同类型、不同层次高等学校的实际，推进高等教育体制改革和高等教育教学改革，优化高等教育结构和资源配置，提高高等教育的质量和效益。"同时，根据优化高等教育结构和资源配置需要，第八条指出："国家根据少数民族的特点和需要，帮助和支持少数民族地区发展高等教育事业，为少数民族培养高级专门人才。"

（3）《中华人民共和国高等教育法》第九条指出"公民依法享有接受高等教育的权利。"国家采取措施，帮助少数民族学生和经济困难的学生接受高等教育。高等学校必须招收符合国家规定的录取标准的残疾学生入学，不得因其残疾而拒绝招收。

（4）《中华人民共和国高等教育法》第十条指出："国家依法保障高等学校中的科学研究、文学艺术创作和其他文化活动的自由。"但是，在高等学校中从事科学研究、文学艺术创作和其他文化活动，应当遵守法律。

（5）《中华人民共和国高等教育法》第十一条指出："高等学校应当面向社会，依法自主办学，实行民主管理。"以及第十二条指出："国家鼓励高等学校之间、高等学校与科学研究机构以及企业事业组织之间开展协作，实行优势互补，提高教育资源的使用效益。"

【心中有数】

党的十八大以来，以习近平同志为核心的党中央高度重视教育，把教育作为国之大计、党之大计，作出了加快教育现代化、建设教育强国的重大决策，始终把教育摆在优先发展的战略地位，国家财政性教育经费支出占 GDP 比例连续 10 年保持在 4% 以上，推动新时代教育事业取得历史性成就、发生格局性变化。我国已建成世界上规模最大的教育体系，教育现代化发展总体水平跨入世界中上国家行列。

根据《2022 年全国教育事业发展统计公报》统计数据显示，全国共有高等学校 3013 所，高等教育在学人数总规模 4655 万人。其中，普通本科学校 1239 所（含独立学院 164 所）；本科层次职业学校 32 所；高职（专科）学校 1489 所；成人高等学校 253 所。另有培养研究生的科研机构 234 所。

研究生招生 124.25 万人，比上年增加 6.60 万人；其中，博士生 13.90 万人，硕士生 110.35 万人。普通本科招生 467.94 万人，比上年增加 23.34 万人，另有专科起点本科招生 86.62 万人；在校生 1965.64 万人，比上年增加 72.54 万人；毕业生 471.57 万人，比上年增加 43.47 万人。职业本科招生 7.63 万人，比上年增加 3.49 万人，另有专科起点本科招生 3.31 万人。在校生 22.87 万人，比上年增加 9.94 万人。高职（专科）招生 538.98 万人（不含五年制高职转入专科招生 54.29 万人），同口径比上年增加 31.59 万人；在校生 1670.90 万人，比上年增加 80.80 万人；毕业生 494.77 万人，比上年增加 96.36 万人。成人本专科招生 440.02 万人，比上年增加 61.49 万人；在校生 933.65 万人，比上年增加 101.00 万人；毕业生 330.07 万人，比上年增加 52.12 万人。

1.1.2　高等教育基本制度

高等教育治理体系和治理能力现代化是国家治理体系和治理能力现代化的重要组成部分，是中国特色社会主义制度优势在高等教育领域的集中体现，是高等教育推进内涵式发展、提升综合竞争力的内在需求，也是扎根中国大地办好中国特色社会主义大学的根本保障。

《中华人民共和国高等教育法》第十五条指出："高等教育包括学历教育和非学历教育。高等教育采用全日制和非全日制教育形式。国家支持采用广播、电视、函授及其他远程教育方式实施高等教育。"

《中华人民共和国高等教育法》第十六条指出："高等学历教育分为专科教育、本科教育和研究生教育。"

《中华人民共和国高等教育法》第十八条指出："大学、独立设置的学院主要实施本科及本科以上教育。高等专科学校实施专科教育。经国务院教育行政部门批准，科学研究机构可以承担研究生教育的任务。其他高等教育机构实施非学历高等教育。"

高等学历教育应当符合下列学业标准。

（1）专科教育应当使学生掌握本专业必备的基础理论、专门知识，具有从事本专业实际工作的基本技能和初步能力。

（2）本科教育应当使学生比较系统地掌握本学科、专业必需的基础理论、基本知识，掌握本专业必要的基本技能、方法和相关知识，具有从事本专业实际工作和研究工作的初步能力。

（3）硕士研究生教育应当使学生掌握本学科坚实的基础理论、系统的专业知识，掌握相应的技能、方法和相关知识，具有从事本专业实际工作和科学研究工作的能力。

（4）博士研究生教育应当使学生掌握本学科坚实宽广的基础理论、系统深入的专业知识、相应的技能和方法，具有独立从事本学科创造性科学研究工作和实际工作的能力。

《中华人民共和国高等教育法》第十七条指出："专科教育的基本修业年限为二至三年，本科教育的基本修业年限为四至五年，硕士研究生教育的基本修业年限为二至三年，博士研究生教育的基本修业年限为三至四年。非全日制高等学历教育的修业年限应当适当延长。高等学校根据实际需要，可以对本学校的修业年限作出调整。"

《中华人民共和国高等教育法》第二十二条指出："国家实行学位制度。学位分为学士、硕士和博士。"

【心中有数】

报名参加全国硕士研究生招生考试的人员，考生学业水平须符合下列条件：

1. 国家承认学历的应届本科毕业生（含普通高校、成人高校、普通高校举办的成人高等学历教育等应届本科毕业生）及自学考试和网络教育届时可毕业的本科生。

特别提示：考生录取当年入学前（具体时限由招生单位规定，下同）必须取得国家承认的本科毕业证书或教育部留学服务中心出具的《国（境）外学历学位认证书》，否则录取资格无效。

2. 具有国家承认的大学本科毕业学历的人员。

3. 获得国家承认的高职高专毕业学历后满2年（毕业后到录取当年入学前，下同）或2年以上的人员，以及国家承认学历的本科结业生，符合招生单位根据本单位的培养目标对考生提出的具体学业要求的，按本科毕业同等学力身份报考。

4. 已获硕士、博士研究生学历或学位的人员。

特别提示：在职研究生报考须在报名前征得所在培养单位同意。

1.2　中国大学发展历程与职能

1.2.1　中国大学的发展历程

大学是研究高深学问、培养高层次人才、探寻学术真理的殿堂，是人格养成之所，是人文精神的摇篮，是理性和良知的支撑。现代性大学，泛指在中等教育基础上，以培养各种高级专门人才为目标，提供教学、研究条件和学位授予的高等教育机关，包括综合性大学、学院、高职高专等全日制类型的学校，也包括成人教育、自考等学历教育。2021 年，习近平总书记在清华大学考察时强调："百年大计，教育为本。今年是中国共产党成立 100 周年，我国开启了全面建设社会主义现代化国家新征程。党和国家事业发展对高等教育的需要，对科学知识和优秀人才的需要，比以往任何时候都更为迫切。"大学对国家和民族的发展具有重要作用。

1.2.1.1　古代的大学

大学是随着国家的形成和人类文明的发展而逐步建立起来的。在我国古代，"大学"一般写作"太学"，又称上庠、东序、右学、东胶，它是古代的高等教育机构。中国古代对于大学的理解集中体现在《礼记·大学》中，古人认为大学之道，在明明德，在亲民，在止于至善。此所谓"三纲"；而实现此一宗旨的途径是格物，致知，诚意，正心，修身，齐家，治国，平天下，此所谓"八条目"。"三纲"与"八条目"，它们都很好地诠释和体现了"自强不息，厚德载物"的精神。因此，"自强不息，厚德载物"实可以被称作是中国绵延两千余年的大学传统精神。

1.2.1.2　近现代的大学

我国近现代大学开端于 19 世纪末。清朝末期，中日甲午战争后，许多仁人志士发愤图强。戊戌变法后，清政府颁布新学制，废除科举制，开始兴办近代学堂。1898 年开办的京师大学堂，是中国第一所国立综合性大学，也是中国教育制度的"现代转型"。至 1912 年，京师大学堂改名北京大学，成为中国真正意义上现代大学的开端。以 1922 年新学制的颁布为标志，中国大学开始了百年发展历史中第一次重要的转型。

1.2.1.3　新中国的大学

1949 年，我国仅有高等学校 205 所，高等教育毛入学率仅为 0.26%，全部在校生不足 12 万人，其中工科在校生只有 3 万人，每年输送的专业人才数量不能满足发展要求。1952 年，教育部根据"以培养工业建设人才和师资为重点，发展专门学院，整顿和加强综合大学"的方针，在全国范围内进行了高等学校院系调整工作。依据当时我国经济建设对专门人才的急需，借鉴苏联发展高等教育为经济建设快速培养对口人才的经验，历时 6 年调整，到 1957 年时，全国共有高等学校 229 所，其中，综合大学 17 所、工业院校 44 所、师范院校 58 所……基本上改变了之前高等教育文重工轻、师范缺乏的状况，顺应了中共中央关于高等教育"要很好地配合国民经济发展的需要，特别要配合工业建设的需要"的要求，为国家培养了一大批经济建设所急需的专门人才，对新中国的工业化建设起到了巨大的推动作用。

1978 年改革开放以后，我国的高等教育得到迅速发展，美国的大学教育模式成为我国大学的主要借鉴模式。1980 年 2 月 12 日第五届全国人大常委会第十三次会议上，《中华人民共和国学位条例》最终被审议通过，确定了我国设学士、硕士、博士三级学位，并在学位分级、各级学位的学术标准、严格审定学位授予单位等方面作了规定。这一制度的建立，对我国独立培养、选拔专门人才，特别是高层次专门人才起了重要作用。1985 年，《中共中央关于教育体制改革的决定》提出招生制度改革、毕业生分配制度改革和扩大高校办学自主权的要求，拉开了新时期教育改革的序幕。1994 年，原国家教委启动了"211 工程"（面向 21 世纪，在全国重点建设 100 所大学）。1998 年 5 月，江泽民同志在北京大学百年校庆大会上提出建设"若干所具有世界先进水平的一流大学",加速了我国世界一流大学的建设步伐。1998 年,我国首部《中华人民共和国高等教育法》颁布,为依法治理大学提供了主要法律依据。

1.2.1.4 新时代的大学

2012 年 11 月 15 日,十八届中共中央政治局常委与中外记者见面,新当选的中共中央总书记习近平用 10 个"更"诠释人民对美好生活的期盼,10 个"更"中,"教育"居首。党的十八大以来,随着一批标志性、引领性改革举措的颁布和实施,我国高等教育发展走上了快车道。

2014 年 9 月,《国务院关于深化考试招生制度改革的实施意见》发布,吹响了自 1977 年恢复高考以来力度最大的一轮高考改革的号角,分类考试、综合评价、多元录取,破除"一考定终身""唯分数论",从育分到育人,着眼于人的终身发展。2018 年 6 月 21 日,教育部召开改革开放 40 年来首次全国高等学校本科教育工作会议,吹响了建设一流本科教育的集结号。8 月,教育部印发《关于加快建设高水平本科教育全面提高人才培养能力的意见》,被称为"新时代高教 40 条",确立了未来 5 年建设高水平本科教育的阶段性目标和到 2035 年的总体目标,并推出了"六卓越一拔尖"计划 2.0 版本。在基础研究领域,《高等学校基础研究珠峰计划》出炉,布局建设脑科学、量子信息等 7 个前沿科学中心,以大团队、大平台、大科学计划,推动我国高校基础研究向高峰挺进。未来,中国高等教育将通过大力发展新工科、新医科、新农科、新文科,形成覆盖全部学科门类的中国特色、世界水平的一流本科专业集群。

2022 年 1 月印发《教育部 财政部 国家发展改革委关于深入推进世界一流大学和一流学科建设的若干意见》就"十四五"时期深入推进"双一流"建设提出相关意见,立足中华民族伟大复兴战略全局和世界百年未有之大变局,立足新发展阶段、贯彻新发展理念、构建新发展格局,全面贯彻党的教育方针,落实立德树人根本任务,对标 2030 年更多的大学和学科进入世界一流行列以及 2035 年建成教育强国、人才强国的目标,更加突出"双一流"建设培养一流人才。

1.2.2 中国大学的职能

1.2.2.1 大学职能的演变过程

对于大学职能,中国自古以来就有精辟论述。《礼记·大学》开宗明义道出了大学的职能:"大学之道,在明明德,在亲民,在止于至善。""明明德"是指通过教育,弘扬光明正大的品德;"亲民"是指通过教育,达到修己立人,化民成俗,更新民众,改良社会风气;"止于至善"是通过教育,使整个社会达到古之谓"至善"的理想境界。

我国著名高等教育学家潘懋元在《新编高等教育学》中指出,"高等学校是知识密集、多种学科的学者和专家集中的地方,又有较完备的图书资料、仪器设备,以及较多较快的科学信息。这些特点与条件决定了它可能且必须具备如下三种社会职能:培养专门人才,发展科学,开展社会服务",并认为"培养专门人才的社会职能是基本的,否则就不成为学校;发展科学文化的社会职能是重要的,否则现代高等学校质量与水平就不可能提高;直接为社会服务的社会职能也是必要的,否则高等学校就会脱离社会实际。办学必须以培养高级专门人才为中心，处理好三者关系"。1998 年通过的《中华人民共和国高等教育法》第五条规定：高等教育的任务是培养具有社会责任感、创新精神和实践能力的高级专门人才，发展科学技术文化，促进社会主义现代化建设。高等学校应以人才培养为中心，同时开展教学、科学研究和社会服务等多项活动。顶层设计中的重要使命以思想构建为出发点，落脚点在于立德；法律文件中的职能以功用塑造为出发点，落脚点在于树人。

我国大学职能的发展具有自身独特的脉络与线索。自中华人民共和国成立以来，我国大学职能与重要使命实现了交叠演变与共荣升华。2017 年 2 月，中共中央、国务院印发《关于加强和改进新形势下高校思想政治工作的意见》中强调"高校肩负着人才培养、科学研究、社会服务、文化传承创新、国际交流合作的重要使命"。

1.2.2.2　大学职能的主要内容

（1）人才培养

人才培养是高校办学之本。自新中国成立初期，我国大学便有教学这一最基本职能并以之完成人才培养这一中心任务，但其具体培养内涵则随着社会发展不断丰富与扩展。随着经济发展、科学水平提高，社会对人才的需求呈现出全方位的趋势，单一的教学式人才培养模式已经无法满足社会需要，素质教育应运而生。

2012 年 3 月，教育部印发并实施《关于全面提高高等教育质量的若干意见》，进一步牢固确立人才培养的中心地位，树立科学的高教发展观，坚持以质量提升为核心的内涵式发展道路。高校的教学并以之培养人才的职能是我国首个被确立并重视的大学职能。严格意义上而言，从 1949 年至改革开放前，我国大学的职能基本以此为主，而教学与人才培养的具体内涵与培养方向则随着外部社会经济的变化发展呈现出动态变化的趋势。2019 年 1 月发布的《中华人民共和国高等教育法》中规定"高等教育的任务是培养具有创新精神和实践能力的高级专门人才，发展科学技术文化，促进社会主义现代化建设。"人才培养不仅是传授专业知识与专业技能，更重要的是促进大学生的全面发展，塑造他们高尚的精神品质，使之具有广博的知识、深厚的基础和有效进行思维、表达交流思想、作出判断鉴别的能力，具有获取知识和创新的能力，具有较强的对经济和社会变化的适应能力，从而使他们成为服务于中国特色社会主义事业的劳动者、建设者、管理者、领导者。

（2）科学研究

我国在 20 世纪 90 年代提出建设世界一流大学的目标，启动"211 工程"和"985 工程"，投入大量的人力、物力、财力，许多大学的学科建设、师资队伍、科学研究、基础条件都得到极大改善，缩小了与世界一流大学之间的差距。

大学科学研究的开展，使大学的学科、专业和课程建设、教学内容和方式等，与科学技术的发展紧密联系在一起。新的科学研究成果进入大学课堂是大学教学内容得以不断更新、学术水平不断提高的主要源泉。大学开展科学研究并让学生参与其中，更是激发学生的创新灵感、培养学生创新精神的重要途径。

（3）社会服务

从 19 世纪末诞生之初，我国的大学就肩负着挽救民族危亡的重要使命。100 多年来，服务国家、造福社会一直是我国大学的重要功能。特别是改革开放以来，我国大学引领着科技创新，为社会培养了大量人才，为社会主义现代化事业作出了突出贡献。但也要看到，大学不同于企业，它服务社会的方式是间接的而不是直接的，服务社会的功能主要是通过人才培养和科学研究来实现。同时还要看到，服务社会不等于一味满足社会需求，大学还肩负着社会批评的功能。对于大学而言，社会服务和社会批评是同一功能的不同方面。在实践中，应将二者结合起来，以更好地发挥大学服务社会、引领社会的功能。

随着全球化进程的加快、新科技革命的兴起，社会各个领域、各种企业基于生存和发展的需要，更加依赖科学技术，因而增加了同高校的联系与合作。大学通过产学研一体化的发展模式，促进了科技成果向现实生产力转化，为我国的改革开放、社会发展与经济建设做出了重要贡献。

（4）文化传承创新

文化创新是保持大学富有持续生命力的精髓。1999年12月，教育部颁布的《面向21世纪教育振兴行动计划》指出："高等教育应当为国家知识创新体系构建及现代化建设提供充足的人才支持与知识贡献。同时，应当进一步瞄准国家创新体系的目标，成功培养造就一批高水平且具有创新能力的人才。"文件中将我国大学使命的内涵深化，并且首次强调了文化传承与创新对国家发展的重要性。

（5）国际交流合作

以习近平同志为核心的党中央进一步把国际交流合作列为大学的"第五项重要使命"，这对于扎根中国大地办好大学与加快建设世界一流大学和一流学科，从而提高高等教育发展水平，增强国家核心竞争力具有重要的指导意义。2012年3月，教育部颁布的《关于全面提高高等教育质量的若干意见》对高等教育的国际交流与合作提出了积极引进优质资源、大力实施"走出去"战略、全面实施留学中国计划三项建议。2015年11月，国务院印发《统筹推进世界一流大学和一流学科建设总体方案》，提出要以中国特色、世界一流为核心，加快建成一批世界一流大学和一流学科，进一步强调要加强高等教育的国际交流与合作，不断提升大学的国际化办学水平。

当前，大学的国际交流合作形式非常丰富，主要包括师生互换、学位互认、学者互访、国际联合办学、国际合作研究、参加与举办国际会议、国际教育资源的互补和援助等。

1.3　中国"双一流"大学建设

1.3.1　中国大学"双一流"发展

习近平总书记在主持召开中央全面深化改革委员会第二十三次会议时发表重要讲话强调："要突出培养一流人才、服务国家战略需求、争创世界一流的导向，深化体制机制改革，统筹推进、分类建设一流大学和一流学科。"2015年8月中央全面深化改革领导小组第十五次会议审议通过了《统筹推进世界一流大学和一流学科建设总体方案》（以下简称《方案》）进一步明确了建设目标，提出：到2020年，若干所大学和一批学科进入世界一流行列，若干学科进入世界一流学科前列；到2030年，更多的大学和学科进入世界一流行列，若干所大学进入世界一流大学前列，一批学科进入世界一流学科前列，高等教育整体实力显著提升；到本世纪中叶，一流大学和一流学科的数量和实力进入世界一流前列，基本建成高等教育强国。2018年教育部召开新时代全国高等学校本科教育工作会议，在会议期间举行的"以本为本 四个回归 一流本科建设"论坛上，150所高校联合发表《一流本科教育宣言（成都宣言）》，提出培养一流人才、建设一流本科教育。

2017 年，教育部、财政部、国家发展改革委通过印发《关于公布世界一流大学和一流学科建设高校及建设学科名单的通知》，公布了世界一流大学和一流学科建设高校及建设学科名单。其中，世界一流大学建设高校 42 所（A 类 36 所、B 类 6 所），如表 1-1 所示。

表 1-1　世界一流大学建设高校名单

A 类					
北京大学	北京师范大学	哈尔滨工业大学	东南大学	武汉大学	重庆大学
中国人民大学	中央民族大学	复旦大学	浙江大学	华中科技大学	电子科技大学
清华大学	南开大学	同济大学	中国科学技术大学	中南大学	西安交通大学
北京航空航天大学	天津大学	上海交通大学	厦门大学	中山大学	西北工业大学
北京理工大学	大连理工大学	华东师范大学	山东大学	华南理工大学	兰州大学
中国农业大学	吉林大学	南京大学	中国海洋大学	四川大学	国防科技大学
B 类					
东北大学	郑州大学	湖南大学	云南大学	西北农林科技大学	新疆大学

建设世界一流大学和一流学科，是党中央、国务院作出的重大战略决策，对于提升我国教育发展水平、增强国家核心竞争力、奠定长远发展基础，具有十分重要的意义。坚持中国特色、世界一流，就是要全面贯彻党的教育方针，坚持社会主义办学方向，加强党对高校的领导，扎根中国大地，遵循教育规律，创造性地传承中华优秀传统文化，积极探索中国特色的世界一流大学和一流学科建设之路，努力成为世界高等教育改革发展的参与者和推动者，培养中国特色社会主义事业建设者和接班人，更好地为社会主义现代化建设服务、为人民服务。

2022 年 2 月 14 日，教育部、财政部、国家发展改革委印发《关于深入推进世界一流大学和一流学科建设的若干意见》，并公布第二轮"双一流"建设高校及建设学科名单。这份备受瞩目的名单，囊括了 147 所建设高校，331 个建设学科（不含自定学科），其中，基础学科布局 59 个、工程类学科 180 个、哲学社会科学学科 92 个。

在建设重点上，新一轮建设更加突出培养一流人才、服务国家战略需求。第二轮"双一流"建设任务的重点为加强党的全面领导、牢牢把握立德树人根本任务、坚持服务国家战略需求、打造高水平师资队伍、深化科教融合、提升国际合作交流水平、优化管理评价机制、完善稳定支持机制等八个方面。其中，特别强调要瞄准科技前沿和关键领域，加大力度优化学科专业和人才培养布局，率先推进学科专业调整，稳定支持具有创新潜力的青年人才培育培养，加强关键领域核心技术攻关，集中力量开展高层次创新人才培养和联合科研等。"双一流"建设在国家重点急需的领域和方向上，在服务国家科技自强方面仍有补强空间，第二轮建设以党中央、国务院确定的"十四五"期间国家战略急需领域作为指引调整建设学科的指南，对拟建设学科的匹配度、水平和发展质量等进行综合考查，尤其是加大基础学科、理工农医和哲学社会科学学科布局。

新阶段"双一流"建设应当坚持以学科为基础，淡化身份色彩，探索自主特色发展新模式，引导各高校在各具特色的优势领域和方向上创建一流。第二轮建设名单不再区分一流大学建设高校和一流学科建设高校，将探索建立分类发展、分类支持、分类评价建设体系作为重点之一，引导建设高校切实把精力和重心聚焦在有关领域、方向的创新与实质突破上，创造真正意义上的世界一流。

1.3.2　"双一流"建设内涵式发展

习近平总书记在主持召开中央全面深化改革委员会第二十三次会议时发表重要讲话强调："要突出培养一流人才、服务国家战略需求、争创世界一流的导向，深化体制机制改革，统筹推进、分类建设一流大学和一流学科。"高校要深入学习贯彻习近平总书记重要讲话精神，把握高等教育高质量发展要求，科学把脉、精准施策，有效解决制约性、瓶颈性问题，进一步提升培养一流人才、服务国家战略需求、争创世界一流的能力和水平，为全面建设社会主义现代化国家提供有力支撑。

中共中央、国务院印发的《中国教育现代化 2035》提出了推进教育现代化的八大基本理念，为我们准确把握教育规律、推进我国高等教育高质量发展提供了科学指引。高校要把发挥主观能动性与按规律办事有机结合起来，充分认识一流大学建设的长期性、复杂性和艰巨性，从纷繁复杂的教育实践、教育现象中洞察把握教育发展规律。适应社会生产变革、教与学关系变革等新的发展趋势，不断推进教育教学管理优化和改革创新。比如，对于人才培养，要保持学科专业设置相对稳定，积极稳妥推进教育教学组织改革；对于科技创新，要主动适应科技创新规律，鼓励创新活动瞄准前沿、交叉融合等。

通过内涵式发展提升办学能力和水平。目前，我国高等教育已经由大众化进入普及化阶段，走内涵式发展道路是必由之路。把握高质量内涵式发展要求，要从关注硬指标的显性增长向更加关注软实力的内在提升转变，围绕大学的主要职能，在推进"双一流"建设过程中明确方向、突出重点，聚焦服务高水平科技自立自强、培育高水平师资队伍、深化科教融合育人等关键着力点，树立鲜明的效果导向。杜绝形式主义，下大气力解决教育教学活动、师资队伍建设、科技创新组织等方面存在的问题，切实把精力放在提升办学能力和水平上。落实立德树人根本任务，充分激发受教育者的潜能，通过卓有成效的教育活动实现凝聚人心、完善人格、开发人力、培育人才、造福人民等目标。

通过系统谋划打造中国特色世界一流的人才培养体系。系统完善的人才培养体系，是建设高质量教育体系的关键。提升一流人才培养的能力和水平，必须更加注重全局性谋划、战略性布局、整体性推进。高校要准确把握共性和个性的辩证关系，适应人才需求多样化、学生发展多样化的基本特点，加快人才培养模式多样化改革，鼓励各办学单位发挥优势特色，实现特色发展。把发展重点体现在一级学科学科方向和本科专业培养方案的设置上，按照教育规律设置一级学科，按照人才成长规律设置本科培养大类专业；重中之重是做好分类建设、分类管理、分类评价，支持具有特色的一流学科建设，构建优势互补的学科体系，建立并完善长期稳定支持发展的长效机制。

在顺应国际化发展趋势的同时彰显中国特色。党的十八大以来，我国高等教育国际化步伐不断加快。当前，我国高等教育发展既要很好地吸收世界上先进的办学治学经验，更要对标国家战略需求、扎根中国大地，彰显中国特色。高校要明确加强党对高校的领导、加强和改进高校党的建设是办好中国特色社会主义大学的根本保证，高度重视学校党建工作和思想政治工作，把加强党的领导融入高校治理的各方面、全过程。坚持办学正确政治方向，回答好培养什么样的人、如何培养人以及为谁培养人这个根本问题。围绕建设高质量教育体系，以教育评价改革为牵引，统筹推进育人方式、办学模式、管理体制、保障机制改革，增强教育服务创新发展能力，努力培养德智体美劳全面发展的社会主义建设者和接班人。

1.3.3 中国大学"双一流"标准

1.3.3.1 "双一流"建设成效评价遵循的原则

根据 2020 年教育部、财政部、国家发展改革委印发《"双一流"建设成效评价办法（试行）》的通知，"双一流"建设成效评价是对高校及其学科建设实现大学功能、内涵发展及特色发展成效的多元多维评价，综合呈现高校自我评价、专家评价和第三方评价结果。评价遵循以下原则：

（1）一流目标，关注内涵建设

坚持中国特色与世界一流，坚持办学正确方向，坚持以立德树人根本任务为内涵建设牵引，聚焦人才培养、队伍建设、科研贡献与机制创新，在具有可比性的领域进入世界一流行列或前列，不唯排名、不唯数量指标。

（2）需求导向，聚焦服务贡献

考察建设高校主动面向世界科技前沿、面向经济主战场、面向国家重大需求、面向人民生命健康，在突破关键核心技术、探索前沿科学问题和解决重大社会现实问题等方面作出的重要贡献，尤其是基础研究取得"从 0 到 1"重大原始创新成果的情况。考察立足优势学科主动融入和支撑区域及行业产业发展的情况。考察传承弘扬中华传统文化、推进中国特色社会主义文化建设、促进人类文明发展，以及在开拓治国理政研究新领域新方向上取得创新性先导性成果的情况。

（3）分类评价，引导特色发展

以学科为基础，依据办学传统与发展任务、学科特色与交叉融合趋势、行业产业支撑与区域服务，探索建立院校分类评价体系，鼓励不同类型高校围绕特色提升质量和竞争力，在不同领域和方向建成一流。

（4）以评促建，注重持续提升

设立常态化建设监测体系，注重考察期中和期末建设目标达成度、高校及学科发展度，合理参考第三方评价表现度，形成监测、改进与评价"三位一体"评价模式，督促高校落实建设主体责任，治本纠偏，持续提高建设水平。

1.3.3.2 "双一流"建设成效的具体评价要求

（1）人才培养评价

将立德树人成效作为根本考察标准，以人才培养过程、结果及影响为评价对象，突出培养一流人才，综合考察建设高校思政课程、课程思政、教学投入与改革、创新创业教育、毕业生就业质量以及德智体美劳全面发展等方面的建设举措与成效。

（2）教师队伍建设评价

突出教师思想政治素质和师德师风建设，克服"唯论文""唯帽子""唯职称""唯学历""唯奖项""唯项目"倾向，综合考察教师队伍师德师风、教育教学、科学研究、社会服务和专业发展等方面的情况，以及建设高校在推进人事制度改革，提高专任教师队伍水平、影响力及发展潜力的举措和成效。

（3）科学研究评价

突出原始创新与重大突破，不唯数量、不唯论文、不唯奖项，实行代表作评价，强调成果的创新质量和贡献，结合重大、重点创新基地平台建设情况，综合考察建设高校提高科技创新水平、解决国家关键技术"卡脖子"问题、推进科技评价改革的主要举措，在构建中国特色哲学社会科学学科体系、学术体系、话语体系中发挥的主力军作用，以及面向改革发展重大实践，推动思想理论创新、服务资政决策等方面成效。

（4）社会服务评价

突出贡献和引领，综合考察建设高校技术转移与成果转化的情况、服务国家重大战略和行业产业发展以及区域发展需求、围绕国民经济社会发展加强重点领域学科专业建设和急需人才培养、特色高端智库体系建设情况、成果转化效益以及参与国内外重要标准制订等方面的成效。

（5）文化传承创新评价

突出传承与创新中国特色社会主义先进文化，综合考察建设高校传承严谨学风和科学精神、中华优秀传统文化和红色文化，弘扬社会主义核心价值观的理论建设和社会实践创新，塑造大学精神及校园文化建设的举措和成效以及校园文化建设引领社会文化发展的贡献度。

（6）国际交流合作评价

突出实效与影响，综合考察建设高校统筹国内国外两种资源，提升人才培养和科学研究的水平以及服务国家对外开放的能力，加强多渠道国际交流合作，持续增强国际影响力的成效。

1.4 学科建设

（1）学科介绍

学科专业是高等教育体系的核心支柱，是人才培养的基础平台，学科专业结构和质量直接影响高校立德树人的成效、直接影响高等教育服务经济社会高质量发展的能力。我国高等学校本科教育专业设置按"学科门类""学科大类（一级学科）""专业"（二级学科）三个层次来设置。按照国家1997年颁布的《授予博士、硕士学位和培养研究生的学科、专业目录》，分为哲学、经济学、法学、教育学、文学、历史学、理学、工学、农学、医学、军事学、管理学和艺术学13大门类，每大门类下设若干一级学科。

（2）"四新"学科建设

改革开放以来，我国高等教育逐步建立了较为完善的学科专业体系和培养制度，新时代研究生教育仍需加快学科专业优化调整，大力支撑高层次创新人才培养。近年来，为进一步适应经济社会发展和产业结构优化升级的需要，国家相继出台了《关于深化研究生教育改革的意见》《博士、硕士学位授权学科和专业学位授权类别动态调整办法》《关于高等学校开展学位授权自主审核工作的意见》等文件，致力于优化高校学科专业布局。高校学科的审核评估、合格评估和水平评估持续推进，学科动态调整与学科评估形成有效配合。学科动态调整已逐渐成为每年定期推进的常态化工作。高校学科设置和调整立足学校定位和学科实力，结合所在区域经济社会发展需求，逐步形成符合校本特点的学科专业动态调整机制。

2019年4月29日在天津联合启动"六卓越一拔尖"计划2.0，全面推进新工科、新医科、新农科、新文科（简称"四新"）建设，以提高高校服务经济社会发展能力。教育部将分三年全面实施这一计划。新工科建设将应对第四次工业革命的需要，加强战略急需人才培养。新医科作为构建健康中国的重要基础，要实现从治疗为主到生命全周期、健康全过程的全覆盖，提升全民健康力。新农科要用现代科学技术改造升级涉农专业，助力打造天蓝水净、食品安全、生活恬静的美丽中国。新文科建设则是要推动哲学社会科学与新科技革命交叉融合，培养新时代的哲学社会科学家，创造光耀时代、光耀世界的中华文化。

【阅读材料】新征程上回答好著名教育学家张伯苓"爱国三问"

"你是中国人吗？你爱中国吗？你愿意中国好吗？"这是张伯苓校长于 1935 年 9 月 17 日新学年"始业式"上，让南开大学新老同学自省的三个问题。

第二章　我国的专业发展及人才培养

2.1　专业建设与介绍

2.1.1　我国专业设置分类演变

　　《普通高等学校本科专业目录》是教育部制定的有关普通高等学校本科专业的目录，是高等教育工作的基本指导性文件之一。它规定专业划分、名称及所属门类，是设置和调整专业、实施人才培养、安排招生、授予学位、指导就业，以及进行教育统计和人才需求预测等工作的重要依据。改革开放以来，中国共进行了四次大规模的学科目录和专业设置调整工作。第一次修订目录于 1987 年颁布实施，解决了之前专业设置混乱的局面，专业名称和专业内涵得到整理和规范。第二次修订目录于 1993 年正式颁布实施，重点解决了专业归并和总体优化的问题，形成了体系完整、统一规范、比较科学合理的本科专业目录。第三次修订目录于 1998 年颁布实施，改变了过去过分强调"专业对口"的教育观念和模式。第四次修订目录于 2012 年颁布实施，新目录的学科门类由原来的 11 个增至 12 个，新增艺术学门类；专业类由原来的 73 个增至 92 个；专业由原来的 635 种调减至 506 种，其中基本专业 352 种，特设专业 154 种。

　　高校专业的划分，一是要满足社会职业分工的需要，二是要遵循人才培养的客观规律。本科教育是通识教育，如果在专业设置上过于细化，虽然与就业紧密结合，但是如此细分的专业设置，无形中使学生受教育的领域和范畴大大缩减，往往只能局限于一个特定的领域。这违背了高等教育的初衷。高等教育传授高级的知识理论，而过于单一的知识面不仅狭窄，也使学生继续学习和深造的机会大大减少。从人才需求和培养上看，当今急需的人才是触类旁通的复合型通才，这不仅需要根基牢靠，而且需要基础宽广。

　　2023 年 2 月，教育部等五部门印发《普通高等教育学科专业设置调整优化改革方案》（以下简称《改革方案》），推动开展学科专业设置调整优化改革工作。近年来，我国高等教育学科专业结构调整工作深入推进。预计到 2025 年，优化调整高校 20% 左右学科专业布点，新设一批适应新技术、新产业、新业态、新模式的学科专业，淘汰不适应经济社会发展的学科专业；基础学科特别是理科和基础医科本科专业点占比进一步提高；建好 10000 个左右国家级一流专业点、300 个左右基础学科拔尖学生培养基地；在具有一定国际影响力、对服务国家重大战略需求发挥重要作用的学科取得突破，形成一大批特色优势学科专业集群；建设一批未来技术学院、现代产业学院、高水平公共卫生学院、卓越工程师学院，建成一批专业特色学院，人才自主培养能力显著提升。到 2035 年，高等教育学科专业结构更加协调、特色更加彰显、优化调整机制更加完善，形成高水平人才自主培养体系，有力支撑建设一流人才方阵、构建一流大学体系，实现高等教育高质量发展，建成高等教育强国。

2.1.2 我国本科专业建设

2018 年 9 月，习近平总书记在全国教育大会上作出重要指示，要深化教育体制改革，健全立德树人落实机制，扭转不科学的教育评价导向，坚决克服唯分数、唯升学、唯文凭、唯论文、唯帽子的顽瘴痼疾，从根本上解决教育评价指挥棒问题。习近平总书记关于教育的重要论述为高等教育评估改革，特别是本科教育教学改革提供了根本遵循。

2.1.2.1 本科教育教学审核评估

普通高等学校本科教育教学审核评估每五年进行一次。根据 2021 年教育部印发的《普通高等学校本科教育教学审核评估实施方案（2021—2025 年）》，经国家正式批准独立设置的普通本科高校均应参加审核评估。为深入学习贯彻习近平总书记关于教育的重要论述和全国教育大会精神，引导高校遵循教育规律，聚焦本科教育教学质量，培养德智体美劳全面发展的社会主义建设者和接班人，推进评估分类，以评促建、以评促改、以评促管、以评促强，推动高校积极构建自觉、自省、自律、自查、自纠的大学质量文化，建立健全中国特色、世界水平的本科教育教学质量保障体系，引导高校内涵发展、特色发展、创新发展，培养德智体美劳全面发展的社会主义建设者和接班人。

教育部和各省级教育行政部门分别负责审议《审核评估报告》，通过后作为评估结论反馈给高校，并在一定范围内公开。对于突破办学规范和办学条件底线等问题突出的高校，教育部和有关省级教育行政部门要采取约谈负责人、减少招生计划和限制新增本科专业备案等问责措施。教育部每年向社会公布完成审核评估的高校名单，并在完成评估的高校中征集本科教育教学示范案例，经教育部评估专家委员会审议后发布，做好经验推广、示范引领。

2.1.2.2 工程教育专业认证

工程教育专业认证是国际通行的工程教育质量保障制度，也是实现工程教育国际互认和工程师资格国际互认的重要基础。工程教育专业认证的核心就是要确认工科专业毕业生达到行业认可的既定质量标准要求，是一种以培养目标和毕业出口要求为导向的合格性评价。工程教育专业认证要求专业课程体系设置、师资队伍配备、办学条件配置等都围绕学生毕业能力达成这一核心任务展开，并强调建立专业持续改进机制和文化以保证专业教育质量和专业教育活力。

目前我国已在 20 个专业领域开展了工程教育专业认证，包括机械类、计算机类、电子信息与电气工程类、化工与制药类、环境类、土木类、材料类、能源动力类、安全科学与工程类、水利类、交通运输类、矿业类、轻工类、纺织类、食品科学与工程类、仪器类、兵器类、核工程类、测绘地理信息类、地质类。截至 2021 年底，全国有 288 所普通高等学校的 1977 个专业通过工程教育专业认证。

2.1.2.3 一流本科专业建设"双万计划"

为深入落实全国教育大会和《加快推进教育现代化实施方案（2018—2022 年）》精神，贯彻落实新时代全国高校本科教育工作会议和《教育部关于加快建设高水平本科教育 全面提高人才培养能力的意见》、"六卓越一拔尖"计划 2.0 系列文件要求，教育部决定全面实施"六卓越一拔尖"计划 2.0，启动一流本科专业建设"双万计划"。一流本科专业建设"双万计划"，是教育部全面贯彻落实全国教育大会和新时代全国高校本科教育工作会议精神，推动新工科、新医科、新农科、新文科建设，做强一流本科、建设一流专业、培养一流人才，全面振兴本科教育，提高高校人才培养能力，实现高等教育内涵式发展的重要举措。根据《教育部办公厅关于实施一流本科专业建设"双万计划"的通知》，2019—2021 年全国将建设 10000 个左右国家级一流本科专业点和 10000 个左右省级一流本科专业点。

【阅读材料】西华大学一流本科专业建设

  材料 1：国家级一流本科专业——工程造价

西华大学工程造价专业于 2019 年入选国家级一流本科专业。西华大学工程造价专业是全国首批获得造价资格认证的 3 所高校之一，全国最早开办工程造价本科专业的 5 所高校之一。专业于 2015—2018 年被中国教育质量评价中心评为 5 星级专业；于 2021 年软科中国大学专业排名中获评 A 级 23 名。工程造价专业紧跟"新基建""新工科"战略需求及行业发展前沿，融合管理、经济、土木技术、法律、信息技术等学科内容，形成厚基础、会管理、懂经济的专业特色，培养具有社会责任感、良好职业道德、较高的科学文化素养、专业综合素质与能力的建设领域造价大师以及工程项目全过程造价管理及项目管理的高级专门人才。

  材料 2：国家级一流本科专业——机械设计制造及其自动化

西华大学机械设计制造及其自动化专业于 2019 年获批国家级首批一流本科专业建设点；于 2021 年软科中国大学专业排名中获评 B+。西华大学拥有"机械工程及自动化"省级教学团队、"机械工程综合训练中心"省级实验教学示范中心、四川省"机械电子工程"省级重点学科、四川省"智能制造"虚拟仿真实验教学中心和四川省"制造与自动化"省级重点实验室。主干课程上线国家高等教育智慧教育平台课程 2 门，国际平台课程 1 门；省级一流课程 1 门，省级课程思政示范课程 1 门。

2.2 人才培养模式

改革开放以来，我国的高等教育走过了波澜壮阔的理论与实践探索之路，取得了斐然的改革成就，几乎覆盖了高等教育发展宏观和微观的各个领域。人才培养，既是高等教育存在的起点，又是最终的归宿。自 1978 年吹响改革开放的号角以来，我国的高等教育人才培养体系，经历了 1978 年到 1991 年由"专一型"向"复合型"人才培养模式的转变，1992 年到 2010 年面向素质教育的人才培养模式改革以及 2010 年到 2022 年围绕创新理念的多样化人才培养模式变革。当前，高等教育的新使命是培养出更多、更好能够满足时代要求，融汇党和国家、人民希望与需要的人才。

2.2.1 恢复建设时期："单一"转向"复合"的人才培养模式（1978—1991 年）

2.2.1.1 培养"四有"人才

1978 年，教育部颁布了重新修订的"高校六十条"，提出高校要努力培养各种"专门人才"。明确了改革开放初期我国高等学校所培养人才的总体特征，即满足社会需要的、在领域内具有高水平的专门型人才。"高校六十条"从道德品质、思想观点、专业学习、身体基础四个方面规定高等学校的培养目标，具体阐述为要将学生培养成为具有康健体魄的、热爱并服务于国家事业和社会主义、树立马克思主义和无产阶级观点、熟练掌握专业知识技能的合格人才。20 世纪 80 年代初，经由改革开放的积极推进，中央提出培养"四有"人才（有理想、有道德、有知识、有纪律）与实现"三个面向"（教育要面向现代化、面向世界、面向未来）的教育思想。

2.2.1.2 改革就业制度

就业是高校人才培养的最后一个环节，是检验高等教育人才培养成果的最直接表现。改革开放初期，我国高校对毕业生的就业分配还属于"统包统分"的计划调控阶段，与计划经济体制相适应。20 世纪 80 年代，"统包统分"的就业分配制度不能跟上我国经济形态逐渐转轨的步伐，高校毕业生就业制度的改革被提上日程。1981 年，国务院试行在全国统一计划下对学生按比例抽取，并分批次在高校进行培育、管理、分配的办法，确定了大学毕业生分配工作的基本制度方针是"集中使用，重点配备"。1983 年，教育部提出在就业环节，高校可以实行与用人单位直接联系、协商安排毕业生就业的办法。高校向用人单位系统介绍院校各专业培养目标、教学内容、课程设置，结合用人单位的实际需求、职位供给数量加之毕业生的个人志愿与能力情况，达成总体分配建议并形成计划。1985 年 5 月颁布的《中共中央关于教育体制改革的决定》，指出要改变高校毕业生就业工作由国家完全包揽并实施的分配办法，进一步改革毕业生就业分配制度。从 1986 年开始，部分高校对毕业生分配制度开始采取"切块性计划分配"的办法，强化了"供需见面、双向选择"的双轨制就业制度，学校开始面向社会办学，毕业生则开始自主关注社会需求，主动探寻社会提供的、自己可适配的职位。1989 年 3 月，《关于改革高等学校毕业生分配工作的报告》《高等学校毕业生分配制度改革方案》的相继颁布，宣告着 20 世纪 80 年代以来我国高校的就业制度变革实现了量的积累与质的飞跃。

改革开放后至 20 世纪 90 年代初，我国大学生的就业制度处于由计划经济下"统包统分"向市场经济下"自主择业"过渡的重要时期。但由于当时我国的劳动力人才市场尚未完全成型，因此这一阶段的毕业生分配制度还处于过渡阶段，此前定向分配与国家计划色彩依旧存在，但整体而言，国家推动着高校毕业生就业制度朝着市场化逐渐靠拢、逐步深化。

2.2.2　内涵发展时期：面向素质教育的人才培养模式（1992—2009 年）

2.2.2.1　培养复合型人才

1993 年，国家指出高等教育应尽全力调动学校外部和内部的一切力量，为社会主义事业服务，促进经济的发展，培养具有丰富学识与专业技能的专门人才，第一次将高等教育的政治目标、经济目标、学术目标全面统合在一起并给予清晰的表述。1994 年 7 月，《关于〈中国教育改革和发展纲要〉的实施意见》规定本科教育要重视培养社会主义建设急需的高层次应用型和复合型人才。1996 年，我国教育进入"由'应试教育'向全面素质教育转变"的全新阶段。1999 年《中华人民共和国高等教育法》开始施行，《中华人民共和国高等教育法》规定，高等教育的任务是培养具有社会责任感、创新精神和实践能力的专门人才，发展科学技术文化，促进社会主义现代化建设。1999 年，高校招生规模进一步扩大，普通高等院校招生人数达到 153 万，随着高等教育规模的快速发展，高校的育人质量、国际影响力也在不断提升，在跨世纪的阶段积累了丰富的成功经验。同年 6 月 13 日颁布的《中共中央　国务院关于深化教育改革全面推进素质教育的决定》明确指出，要全面推进素质教育，"以培养学生的创新精神和实践能力为重点，造就'有理想、有道德、有文化、有纪律'的，德智体美等全面发展的社会主义事业建设者和接班人"。

2002 年 11 月，中国共产党第十六次全国代表大会报告中提到"必须尊重劳动、尊重知识、尊重人才、尊重创造这要作为党和国家的一项重大方针在全社会认真贯彻"进一步明确了我国人才工作的指导方针和重大举措，使知识分子和人才工作与时俱进。

进入新时期，我国对人才培养工作不断重视并进行了科学规划。在 20 世纪 90 年代对于人才培养目标的探索基础之上，我国高校的人才培养目标逐渐演变为具备良好的政治素质与道德修养，具备广泛的研究视野、扎实的专业知识、实用的专业技能，具备创新精神和创新能力，能够为经济建设与社会发展贡献力量的"复合型人才"。

2.2.2.2　开设思政理论课堂

1993 年，国务院批转国家教委《关于加快改革和积极发展普通高等教育的意见》，强调要继续加强和改进德育工作。要进一步加强和改进马克思主义理论教育和思想政治教育，用建设有中国特色社会主义的理论武装学生，加强党的基本路线教育及爱国主义、集体主义和社会主义的教育，这是学校德育即思想政治和品德教育的根本任务。这一时期，高校德育的重点即在于加强和改进马克思主义理论课和思想政治教育课的建设。爱国主义教育是德育的重要组成部分。1994 年 8 月 23 日，中共中央印发《爱国主义教育实施纲要》，就爱国主义教育的基本原则、主要内容、重点对象、教育基地的建设等问题作出具体规定。8 月 31 日，中共中央发出《关于进一步加强和改进学校德育工作的若干意见》，指出"迫切地要求德育工作更好地发挥对青少年学生健康成长和学校工作的导向、动力、保证作用"。1995 年 11 月，《中国普通高等学校德育大纲（试行）》出台，就高校的工作任务作出规定，提出高校必须重视德育，把坚持坚定正确的政治方向放在学校工作首位。

2004 年 8 月 26 日，中共中央、国务院颁发了《关于进一步加强和改进大学生思想政治教育的意见》，明确了高校思政工作的指导思想、基本原则与主要任务，阐述了推进学生德育的具体内容与途径。高校思想政治理论课呈现出蓬勃生机和良好发展态势，教材体系和学科体系建设不断推进。首先，高校德育教材的编写工作有了阶段性进展，《马克思主义基本原理概论》《毛泽东思想和中国特色社会主义理论体系概论》《中国近现代史纲要》和《思想道德修养与法律基础》等高校思想政治理论课新教材的编写工作全面完成。其次，在学科建设方面，2005 年正式设立马克思主义理论一级学科，是我国马克思主义理论学科建设的重大突破，也是加强和改进高校思想政治理论课的一项重要举措。

该意见是进入 21 世纪以来指导高校思想政治教育工作的第一份纲领性文件，精准地抓住了课堂教学这一高校人才培养的主渠道，围绕思想政治课堂的教学展开了较为细致的阐述，通过提升对思想政治教育的重视、积极发挥思政课堂的育人作用、丰富德育活动的形式与渠道，我国高校德育开创了新的境界，展现出新的风貌，对于提升学生的思想道德素质，促进学生全面发展与高校人才培养作出了突出贡献。

2.2.2.3 深化高校教学改革

1993 年 1 月 12 日，《关于加快改革和积极发展普通高等教育的意见》指出，深化教学改革、提高教育质量，是高等教育改革的核心。1998 年 4 月，教育部印发《关于深化教学改革，培养适应 21 世纪需要的高质量人才的意见》，提出要积极为学生提供跨学科选修、双学位、主辅修等多种教育形式，培养大批复合型人才。1999 年，《关于深化教育改革全面推进素质教育的决定》颁布，提出"高等学校和中等职业学校要创造条件实行弹性的学习制度，放宽招生和入学的年龄限制，允许分阶段完成学业"等。

2001 年，教育部决定在高等教育取得阶段性成果的基础上，实施"新世纪高等教育教学改革工程"，提出要通过教授先进的文化、科学知识，普遍提高学生的科学素质、人文素质与实践能力。随着互联网时代的到来，我国在借鉴国外先进教学模式的基础上，结合本国实情，大力推进高校教学模式与方法的改革。《2003—2007 年教育振兴行动计划》指出，加强信息技术教育，普及信息技术在各级各类学校教学过程中的应用，为全面提高教学和科研水平提供技术支持。2004 年 12 月，第二次全国普通高校本科教学工作会议召开，会议强调要继续坚持科学发展观，更加重视高校的教育质量。在此背景下，各高校狠抓教学管理、教学内容和教学方法等改革，开展本科教学评估工作，对保障高等教育大发展时期的人才培养质量起到了积极的促进作用。教育部于 2005 年颁布《关于进一步加强高等学校本科教学工作的若干意见》（以下简称《意见》），进一步细化高校教学工作的改革措施。该意见强调，"要切实改变课堂讲授所占学时过多的状况，为学生提供更多的自主学习的时间和空间。""加大教学信息化建设力度，推进优质教学资源共享。""要增加综合性与创新性实验，提供丰富的教学参考资料，积极推进讨论式教学、案例教学等教学方法和合作式学习方式，引导大学生了解多种学术观点并开展讨论、追踪本学科领域最新进展，提高自主学习和独立研究的能力。"

2007 年，教育部颁发《关于进一步深化本科教学改革全面提高教学质量的若干意见》，提出推进人才培养模式和机制改革，着力培养学生创新精神和创新能力。要采取各种措施，通过推进学分制、降低必修课比例、加大选修课比例、减少课堂讲授时数等，增加学生自主学习的时间和空间，拓宽学生知识面，增强学生学习兴趣，完善学生的知识结构，促进学生个性发展。创造条件，组织学生积极开展社会调查、社会实践活动，参与科学研究，进行创新性实验和实践，提升学生创新精神和创新能力。全面推广和广泛使用"国家精品课程"，积极鼓励高等学校之间的跨校选修课程机制，加强高等学校之间学分互认等，使学生享受更多的优质教学资源，并逐步实现教学资源共享机制稳定化、常规化。到 2007 年，全国绝大多数高校完成了学分制的实施与落实。同年教育部、财政部出台《关于实施高等学校本科教学质量与教学改革工程的意见》，择优选择 500 个左右人才培养模式创新实验区，推进高等学校在教学内容、课程体系、实践环节等方面进行人才培养模式的综合改革，以倡导启发式教学和研究性学习为核心，探索教学理念、培养模式和管理机制的全方位创新。确立了启发式教学与研究性学习的核心地位。启发式教学法与研究性学习在教学方法中重要地位的确立，是教学理念的全新创新，是科学育人的切实彰显，有利于激发高校学生的学习自主性、学习兴趣与潜能，培养创新精神和协作意识。

2.2.3　守正创新时期：围绕创新理念的人才培养模式（2010—2022 年）

2.2.3.1　培养创新型人才

习近平总书记指出，"发展是第一要务，人才是第一资源，创新是第一动力。中国如果不走创新驱动道路，新旧动能不能顺利转换，是不可能真正强大起来的，只能是大而不强。强起来靠创新，创新靠人才。"

中共中央、国务院于 2010 年颁布实施的《国家中长期教育改革和发展规划纲要（2010—2020 年）》提出，"努力培养造就数以亿计的高素质劳动者、数以千万计的专门人才和一大批拔尖创新人才"，强调创新人才的培养。同年颁布的《国家中长期人才发展规划纲要（2010—2020 年）》也提出"当前和今后一个时期，我国人才发展的指导方针是：服务发展、人才优先、以用为本、创新机制、高端引领、整体开发。"为适应经济发展新常态，2016 年，中共中央颁布《关于深化人才发展体制机制改革的意见》，强调"人才是经济社会发展的第一资源。人才发展体制机制改革是全面深化改革的重要组成部分，是党的建设制度改革的重要内容。"并就推进人才管理体制改革、改进人才培养支持机制、强化人才创新创业激励机制、建立人才优先发展保障机制等方面作出全面指导。2018 年，为了推动现代信息技术与高等教育的深度融合，教育部出台《关于加快建设高水平本科教育全面提高人才培养能力的意见》，提出重塑教育教学形态。加快形成多元协同、内容丰富、应用广泛、服务及时的高等教育云服务体系，打造适应学生自主学习、自主管理、自主服务需求的智慧课堂、智慧实验室、智慧校园。大力推动互联网、大数据、人工智能、虚拟现实等现代技术在教学和管理中的应用，探索实施网络化、数字化、智能化、个性化的教育，推动形成"互联网＋高等教育"新形态，以现代信息技术推动高等教育质量提升的"变轨超车"。

这一时期，我国通过深化教育体制改革与创新人才发展机制，充分营造人人皆可成才、人人尽展其才的良好环境，努力培养高等教育阶段大量的高素质劳动者、技术技能人才与创新创业人才。

2.2.3.2　坚持立德树人的根本任务

2010 年以来，是高校德育的丰富和创新时期。2012 年 11 月党的十八大召开，代表着高校德育进入全面发展的新时代。党的十八大报告提到，要坚持教育优先发展，全面贯彻党的教育方针，坚持教育为社会主义现代化建设服务、为人民服务，把立德树人作为教育的根本任务，培养德智体美全面发展的社会主义建设者和接班人。2016 年 12 月，在全国高校思想政治工作会议上，习近平强调，要坚持把立德树人作为中心环节，把思想政治工作贯穿教育教学全过程，实现全程育人、全方位育人。党的十九大报告中，习近平再次指出，要全面贯彻党的教育方针，落实立德树人根本任务，发展素质教育，推进教育公平，培养德智体美全面发展的社会主义建设者和接班人。

2018 年，《新时代高校思想政治理论课教学工作基本要求》出台，立足规范流程，抓住思政课教学课前、课中、课后等关键环节，在操作层面进一步明确工作要求。从严格落实学分、合理安排教务、规范建设教研室（组）、统一实行集体备课、创新集体备课形式、严肃课堂教学纪律、科学运用教学方法、改进完善考核方式、强化科研支撑教学、健全听课指导制度、综合评价教学质量、落实高校主体责任、强化地方统筹管理、加强全国宏观指导等十四个方面作了规定。文件指出"全面贯彻党的教育方针，落实立德树人根本任务，把高校思想政治理论课教学工作摆在更加突出的位置"。2019 年 8 月，随着《关于深化新时代学校思想政治理论课改革创新的若干意见》的印发，中央对高校德育从指导思想、基本原则、内容措施等方面进行了全新的部署，指出要"不断增强思政课的思想性、理论性和亲和力、针对性"，坚持思政课守正与创新的统一，培养担当民族复兴大任的时代新人。由此，高校德育开启了创造性转化和创新性发展的崭新时代。顺承国家对高校思想政治理论课的部署，2020 年 4 月 22 日，教育部等八部门颁发《关于加快构建高校思想政治工作体系的意见》指出，以习近平新时代中国特色社会主义思想为指导，全面贯彻党的教育方针，坚持和加强党的全面领导，坚持社会主义办学方向，以立德树人为根本，以理想信念教育为核心，以培育和践行社会主义核心价值观为主线，以建立完善全员、全程、全方位育人体制机制为关键，全面提升高校思想政治工作质量。要"全面推动习近平新时代中国特色社会主义思想进教材、进课堂、进师生头脑，开展理论教育培训，编写出版理论读物，打造示范课堂，运用各种载体分群体深入开展习近平新时代中国特色社会主义思想学习研究宣传工作"。

新时期，思想政治理论课是全面贯彻党的教育方针、落实立德树人根本任务的核心课程，也是加强和改进高校德育、实现高等教育内涵式发展的灵魂课程。面对国际新形势与社会发展的新要求，高校思想政治教育必须坚持立德树人根本任务，坚持正确方向和价值取向的统一，关注个体需求，实现社会本位与个人本位的统一。

2.2.3.3 提升教学质量

首先，完善了我国的学分制度。2012 年 3 月，教育部发布《教育部关于全面提高高等教育质量的若干意见》，进一步强调要改革教学管理，探索在教师指导下，学生自主选择专业、自主选择课程等自主学习模式等。在学分制管理上，开通了在线学分认证，在教育公平与教学质量的提升方面前进了一大步。2016 年 7 月，《关于中央部门所属高校深化教育教学改革的指导意见》强调，着力推进信息技术与教育教学深度融合。高校要完善管理制度，将教师建设和应用在线课程合理计入教学工作量，将学生有组织学习在线课程纳入学分管理，对课程建设质量、课程运行效果进行监测评价。2019 年 9 月 29 日，《关于深化本科教育教学改革全面提高人才培养质量的意见》出台，对学分制、双学位制作出更为详尽的规定。对于学分制，指出支持高校进一步完善学分制，扩大学生的学习自主权、选择权，具体包括健全本科生学业导师制度、推进模块化课程建设与管理、完善学分标准体系等举措。通过运用信息技术这一平台，学分制的实施更加高效，学生对课程的信息获取更为全面。

其次，推动了教育信息化改革。为了进一步深化本科教育教学改革，提高本科教育教学质量，大力提升人才培养水平，教育部、财政部于 2011 年 7 月 1 日颁发《关于"十二五"期间实施"高等学校本科教学质量与教学改革工程"的意见》。2014 年 5 月 7 日，《关于做好 2014、2015 年高等学校本科教学改革与教学质量工程工作的指导意见》出台，对 2014—2015 年度的高校本科教育教学改革作出指导。为推进落实《国家中长期教育改革和发展规划纲要（2010—2020 年）》中教育信息化的指导思想，2012 年 3 月，教育部颁发《教育信息化十年发展规划（2011—2020 年）》。教育部于 2016 年 6 月出台《教育信息化"十三五"规划》，强调"十三五"期间，坚持"四个全面"战略布局，牢固树立和贯彻落实创新、协调、绿色、开放、共享的发展理念，以"构建网络化、数字化、个性化、终身化的教育体系，建设'人人皆学、处处能学、时时可学'的学习型社会，培养大批创新人才"为发展方向，按照"服务全局、融合创新、深化应用、完善机制"的原则，稳步推进教育信息化各项工作，更好地服务立德树人，更好地支撑教育改革和发展，更好地推动教育思想和理念的转变，更好地服务师生信息素养的提升，更好地促进学生的全面发展，推动形成基于信息技术的新型教育教学模式与教育服务供给方式，提升教育治理体系和治理能力现代化水平，形成与教育现代化发展目标相适应的教育信息化体系，充分发挥信息技术对教育的革命性影响作用。教育信息化背景下，如何将先进的科学技术引入课堂，使之与教学相结合并最终使传统的教学内容、教学方法、授课方式得以更新并向着现代化发展，是人才培养模式建设中值得持续探索的命题。

最后，优化了本科教学评价工作。2011 年，《关于普通高等学校本科教学评估工作的意见》紧随《国家中长期教育改革和发展规划纲要（2010—2020 年）》出台，承接政策提出的重视高校人才培养质量及教学工作的方针，提出"开展教学评估的目的是促进高等学校全面贯彻党的教育方针，推进教学改革，提高人才培养质量，增强本科教学主动服务经济社会发展需要和人的全面发展需求的能力，促进政府对高等学校实施宏观管理和分类指导，引导高等学校合理定位、办出水平、办出特色，促进社会参与高等学校人才培养和评价、监督高等学校本科教学质量。"，对新时期高校教育评估的意义做出了精准、恰当的诠释。为实现高等教育内涵式发展，教育部于 2018 年出台《对普通高等学校本科教学工作合格评估部分评估指标的调整说明》，指出我国普通高等学校人才培养模式的基本要求为"落实立德树人根本任务，坚持育人为本，德育为先，能力为重，全面发展；突出应用型人才培养，思路清晰，效果明显；以学生发展为中心，关注学生不同特点和个性差异，注重因材施教。"

2.2.3.4　重视创新创业

2012 年 11 月，中国共产党第十八次全国代表大会明确提出要贯彻劳动者自主就业、市场调节就业、政府促进就业和鼓励创业的方针，这是国家第一次将鼓励创业上升到国家战略层面。2014 年出台的《关于实施大学生创业引领计划的通知》提出，我国要于 2014—2017 年间实施新一轮"大学生创业引领计划"，提升大学生的创业意识，培养其创业能力，2015 年，《关于深化高等学校创新创业教育改革的实施意见》《统筹推进世界一流大学和一流学科建设总体方案》出台，从政策制度层面推动高校创新创业教育改革的深化，提出要将创新创业教育纳入高校的课程体系。

随着高校创新创业教育改革的不断深入，2017 年 12 月，《关于推动高校形成就业与招生计划人才培养联动机制的指导意见》提出要"加强对高校毕业生就业状况的跟踪调查与反馈，以反馈结果推动学校招生和人才培养改革"。为提升大学生创新创业能力、增强创新活力，进一步支持大学生创新创业，2021 年 9 月颁布《国务院办公厅关于进一步支持大学生创新创业的指导意见》，提出深化高校创新创业教育改革，健全课堂教学、自主学习、结合实践、指导帮扶、文化引领融为一体的高校创新创业教育体系，增强大学生的创新精神、创业意识和创新创业能力。建立以创新创业为导向的新型人才培养模式，健全校校、校企、校地、校所协同的创新创业人才培养机制，打造一批创新创业教育特色示范课程。

第三章　环境适应

3.1　大学的管理环境

3.1.1　大学中的管理制度

3.1.1.1　学生的权利与义务

根据《普通高等学校学生管理规定》第六条，学生在校期间依法享有下列权利：

（1）参加学校教育教学计划安排的各项活动，使用学校提供的教育教学资源；

（2）参加社会实践、志愿服务、勤工助学、文娱体育及科技文化创新等活动，获得就业创业指导和服务；

（3）申请奖学金、助学金及助学贷款；

（4）在思想品德、学业成绩等方面获得科学、公正评价，完成学校规定学业后获得相应的学历证书、学位证书；

（5）在校内组织、参加学生团体，以适当方式参与学校管理，对学校与学生权益相关事务享有知情权、参与权、表达权和监督权；

（6）对学校给予的处理或者处分有异议，向学校、教育行政部门提出申诉，对学校、教职员工侵犯其人身权、财产权等合法权益的行为，提出申诉或者依法提起诉讼；

（7）法律、法规及学校章程规定的其他权利。

3.1.1.2　学生的义务

根据《普通高等学校学生管理规定》第七条，学生在校期间依法履行下列义务：

（1）遵守宪法和法律、法规；

（2）遵守学校章程和规章制度；

（3）恪守学术道德，完成规定学业；

（4）按规定缴纳学费及有关费用，履行获得贷学金及助学金的相应义务；

（5）遵守学生行为规范，尊敬师长，养成良好的思想品德和行为习惯；

（6）法律、法规及学校章程规定的其他义务。

【阅读材料】

高等学校学生行为准则

1. 志存高远，坚定信念。努力学习马克思列宁主义、毛泽东思想、邓小平理论和"三个代表"重要思想，面向世界，了解国情，确立在中国共产党领导下走社会主义道路、实现中华民族伟大复兴的共同理想和坚定信念，努力成为有理想、有道德、有文化、有纪律的社会主义新人。

2. 热爱祖国，服务人民。弘扬民族精神，维护国家利益和民族团结。不参与违反四项基本原则、影响国家统一和社会稳定的活动。培养同人民群众的深厚感情，正确处理国家、集体和个人三者利益关系，增强社会责任感，甘愿为祖国为人民奉献。

3. 勤奋学习，自强不息。追求真理，崇尚科学；刻苦钻研，严谨求实；积极实践，勇于创新；珍惜时间，学业有成。

4. 遵纪守法，弘扬正气。遵守宪法、法律法规，遵守校纪校规；正确行使权利，依法履行义务；敬廉崇洁，公道正派；敢于并善于同各种违法违纪行为作斗争。

5. 诚实守信，严于律己。履约践诺，知行统一；遵从学术规范，恪守学术道德，不作弊，不剽窃；自尊自爱，自省自律；文明使用互联网；自觉抵制黄、赌、毒等不良诱惑。

6. 明礼修身，团结友爱。弘扬传统美德，遵守社会公德，男女交往文明；关心集体，爱护公物，热心公益；尊敬师长，友爱同学，团结合作；仪表整洁，待人礼貌；豁达宽容，积极向上。

7. 勤俭节约，艰苦奋斗。热爱劳动，珍惜他人和社会劳动成果；生活俭朴，杜绝浪费；不追求超越自身和家庭实际的物质享受。

8. 强健体魄，热爱生活。积极参加文体活动，提高身体素质，保持心理健康；磨砺意志，不怕挫折，提高适应能力；增强安全意识，防止意外事故；关爱自然，爱护环境，珍惜资源。

3.1.2 大学中的管理部门及职能

学校管理部门的部分工作职能也与我们的学习生活息息相关，了解它们也是大学生入学教育的必修课。各高校的组成部门和职能有细微差异，以下列举了学生联系需求较多的职能部门，如图3-1所示，仅供参考。

（1）党委组织部（党校）

负责校内基层党组织建设、党员教育管理，以及入党积极分子培养和发展党员等工作。

（2）党委学生工作部（武装部、学生工作处）

负责全校本科生的思想政治教育、学生日常教育管理、学生资助、学业指导、勤工助学、医保、国防教育以及应征入伍工作，负责辅导员队伍建设等工作。

（3）党委保卫部（保卫处）

确保师生人身和财产安全，维护消防安全，处理校内交通事故，提供报警及安全咨询服务，负责门卫管理，执行校园巡逻任务，协助办理集体户口迁移，监管监控设备运行。

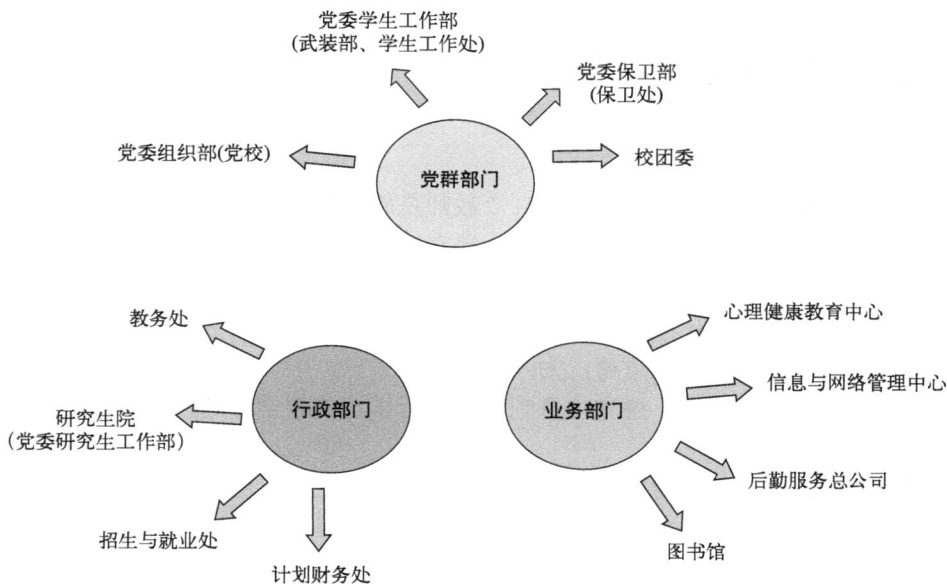

图 3-1　高等学校职能部门组成

（4）校团委

负责管理本科生、研究生的团组织关系，组织各类学生比赛活动、社团活动、校内外志愿活动等工作。

（5）教务处

负责组织开展全校本专科生的教育教学工作，常见业务主要有学籍管理、学生选课、教材领取、专业实习、学科竞赛、考试管理、绩点证明等工作。

（6）研究生院（党委研究生工作部）

负责全校研究生的思想教育、教育教学、日常管理、学籍变动、奖助贷、国际交流等工作。

（7）招生与就业处

负责招生、就业创业指导与咨询、毕业生资格审查、就业手续办理以及双选会等工作。

（8）计划财务处

负责学费收缴与退费工作、校园卡现金充值、银行卡号更改等工作。

（9）图书馆

负责全校图书自主查询、借阅、预约等工作。

（10）后勤服务总公司

负责校医院、学生食堂、餐厅的服务与经营管理，负责安排专人在学生宿舍值班，负责校园绿化养护、环卫保洁以及生活垃圾清运，承担学生宿舍水电维修等工作。

（11）信息与网络管理中心

负责全校上网服务、一卡通管理等工作。

（12）心理健康教育中心

负责全校学生心理健康教育、咨询与服务工作。

3.1.3　大学中的管理人员及职能

3.1.3.1　高等学校教师职能

《中华人民共和国教师法》第三条指出："教师是履行教育教学职责的专业人员，承担教书育人，培养社会主义事业建设者和接班人、提高民族素质的使命。教师应当忠诚于人民的教育事业。"

教师应当履行下列义务：

（1）遵守宪法、法律和职业道德，为人师表；

（2）贯彻国家的教育方针，遵守规章制度，执行学校的教学计划，履行教师聘约，完成教育教学工作任务；

（3）对学生进行宪法所确定的基本原则的教育和爱国主义、民族团结的教育，法制教育以及思想品德、文化、科学技术教育，组织、带领学生开展有益的社会活动；

（4）关心、爱护全体学生，尊重学生人格，促进学生在品德、智力、体质等方面全面发展；

（5）制止有害于学生的行为或者其他侵犯学生合法权益的行为，批评和抵制有害于学生健康成长的现象；

（6）不断提高思想政治觉悟和教育教学业务水平。

《中华人民共和国高等教育法》第四十七条指出："高等学校实行教师职务制度。高等学校教师职务根据学校所承担的教学、科学研究等任务的需要设置。教师职务设助教、讲师、副教授、教授。高等学校的教师取得前款规定的职务应当具备下列基本条件：（一）取得高等学校教师资格；（二）系统地掌握本学科的基础理论；（三）具备相应职务的教育教学能力和科学研究能力；（四）承担相应职务的课程和规定课时的教学任务。教授、副教授除应当具备以上基本任职条件外，还应当对本学科具有系统而坚实的基础理论和比较丰富的教学、科学研究经验，教学成绩显著，论文或者著作达到较高水平或者有突出的教学、科学研究成果。"

【阅读材料】

新时代高校教师职业行为十项准则

教师是人类灵魂的工程师，是人类文明的传承者。长期以来，广大教师贯彻党的教育方针，教书育人，呕心沥血，默默奉献，为国家发展和民族振兴作出了重大贡献。新时代对广大教师落实立德树人根本任务提出新的更高要求，为进一步增强教师的责任感、使命感、荣誉感，规范职业行为，明确师德底线，引导广大教师努力成为有理想信念、有道德情操、有扎实学识、有仁爱之心的好老师，着力培养德智体美劳全面发展的社会主义建设者和接班人，特制定以下准则。

1. 坚定政治方向。坚持以习近平新时代中国特色社会主义思想为指导，拥护中国共产党的领导，贯彻党的教育方针；不得在教育教学活动中及其他场合有损害党中央权威、违背党的路线方针政策的言行。

2. 自觉爱国守法。忠于祖国，忠于人民，恪守宪法原则，遵守法律法规，依法履行教师职责；不得损害国家利益、社会公共利益，或违背社会公序良俗。

3. 传播优秀文化。带头践行社会主义核心价值观，弘扬真善美，传递正能量；不得通过课堂、论坛、讲座、信息网络及其他渠道发表、转发错误观点，或编造、散布虚假信息、不良信息。

4. 潜心教书育人。落实立德树人根本任务，遵循教育规律和学生成长规律，因材施教，教学相长；不得违反教学纪律，敷衍教学，或擅自从事影响教育教学本职工作的兼职兼薪行为。

5. 关心爱护学生。严慈相济，诲人不倦，真心关爱学生，严格要求学生，做学生良师益友；不得要求学生从事与教学、科研、社会服务无关的事宜。

6. 坚持言行雅正。为人师表，以身作则，举止文明，作风正派，自重自爱；不得与学生发生任何不正当关系，严禁任何形式的猥亵、性骚扰行为。

7. 遵守学术规范。严谨治学，力戒浮躁，潜心问道，勇于探索，坚守学术良知，反对学术不端；不得抄袭剽窃、篡改侵吞他人学术成果，或滥用学术资源和学术影响。

8. 秉持公平诚信。坚持原则，处事公道，光明磊落，为人正直；不得在招生、考试、推优、保研、就业及绩效考核、岗位聘用、职称评聘、评优评奖等工作中徇私舞弊、弄虚作假。

9. 坚守廉洁自律。严于律己，清廉从教；不得索要、收受学生及家长财物，不得参加由学生及家长付费的宴请、旅游、娱乐休闲等活动，或利用家长资源谋取私利。

10. 积极奉献社会。履行社会责任，贡献聪明才智，树立正确义利观；不得假公济私，擅自利用学校名义或校名、校徽、专利、场所等资源谋取个人利益。

3.1.3.2 普通高等学校辅导员职能

《普通高等学校辅导员队伍建设规定》第六条指出：专职辅导员是指在院（系）专职从事大学生日常思想政治教育工作的人员，包括院（系）党委（党总支）副书记、学工组长、团委（团总支）书记等专职工作人员，具有教师和管理人员双重身份。普通高等学校辅导员是教师队伍和管理队伍建设的重要组成部分。从工作职责定义来看，辅导员是开展大学生思想政治教育的骨干力量，是高等学校学生日常思想政治教育和管理工作的组织者、实施者、指导者。辅导员应当努力成为学生成长成才的人生导师和健康生活的知心朋友。

《普通高等学校辅导员队伍建设规定》第五条规定辅导员的主要工作职责：

（1）思想理论教育和价值引领。引导学生深入学习习近平总书记系列重要讲话精神和治国理政新理念新思想新战略，深入开展中国特色社会主义、中国梦宣传教育和社会主义核心价值观教育，帮助学生不断坚定中国特色社会主义道路自信、理论自信、制度自信、文化自信，牢固树立正确的世界观、人生观、价值观。掌握学生思想行为特点及思想政治状况，有针对性地帮助学生处理好思想认识、价值取向、学习生活、择业交友等方面的具体问题。

（2）党团和班级建设。开展学生骨干的遴选、培养、激励工作，开展学生入党积极分子培养教育工作，开展学生党员发展和教育管理服务工作，指导学生党支部和班团组织建设。

（3）学风建设。熟悉了解学生所学专业的基本情况，激发学生学习兴趣，引导学生养成良好的学习习惯，掌握正确的学习方法。指导学生开展课外科技学术实践活动，营造浓厚学习氛围。

（4）学生日常事务管理。开展入学教育、毕业生教育及相关管理和服务工作。组织开展学生军事训练。组织评选各类奖学金、助学金。指导学生办理助学贷款。组织学生开展勤工俭学活动，做好学生困难帮扶。为学生提供生活指导，促进学生和谐相处、互帮互助。

（5）心理健康教育与咨询工作。协助学校心理健康教育机构开展心理健康教育，对学生心理状态和疑问进行初步排查和疏导，组织开展心理健康知识普及宣传活动，培育学生理性平和、乐观向上的健康心态。

（6）网络思想政治教育。运用新媒体新技术，推动思想政治工作传统优势与信息技术高度融合。构建网络思想政治教育重要阵地，积极传播先进文化。加强学生网络素养教育，积极培养校园好网民，引导学生创作网络文化作品，弘扬主旋律，传播正能量。创新工作路径，加强与学生的网上互动交流，运用网络新媒体对学生开展思想引领、学习指导、生活辅导、心理咨询等。

（7）校园危机事件应对。组织开展基本安全教育。参与学校、院（系）危机事件工作预案制定和执行。对校园危机事件进行初步处理，稳定局面控制事态发展，及时掌握危机事件信息并按程序上报。参与危机事件后期应对及总结研究分析。

（8）职业规划与就业创业指导。为学生提供科学的职业生涯规划和就业指导以及相关服务，帮助学生树立正确的就业观念，引导学生到基层、到西部、到祖国最需要的地方建功立业。

（9）理论和实践研究。努力学习思想政治教育的基本理论和相关学科知识，参加相关学科领域学术交流活动，参与校内外思想政治教育课题或项目研究。

3.1.3.3　高等学校行政管理人员职能

《中华人民共和国高等教育法》第四十九条指出："高等学校的管理人员，实行教育职员制度。高等学校的教学辅助人员及其他专业技术人员，实行专业技术职务聘任制度。"

《中华人民共和国高等教育法》第五十二条指出："高等学校的教师、管理人员和教学辅助人员及其他专业技术人员，应当以教学和培养人才为中心做好本职工作。"

3.2　当代大学生适应环境应具备的能力

3.2.1　自我管理能力

自我管理是一个内涵丰富、外延广泛的概念，可以从多个学科角度来进行解释。一般认为其是受教育者依靠主观能动性按照社会目标，有意识、有目的地对自己的思想、行为进行转化控制的能力。

就高等教育的特点而言，一方面，大学生不同于中学生，大学生拥有的可自由支配的时间较充裕，但部分大学生却存在严重浪费时间的问题，这就需要大学生具备较强的自我管理能力来科学合理地利用时间；另一方面，现代管理学强调以人为本的管理思想，对人才和知识越来越尊重，注重创新，注重发挥人的主观能动性。因此，加强大学生自我管理能力的培养具有十分重要的意义。重点需提升如下五种能力。

（1）目标管理能力

大学生在培养自我管理能力时，首先应该设定明确的目标，提高目标管理能力。目标的明确性可以为自我管理的实施提供明确的方向和指引。同时，目标应该是具体、明确的，不能空泛、模糊。要结合个人实际合理定位目标，不能过高或过低，以便于每一步都能够实现，从而激励自己坚持下去。制订合理的计划是目标管理的关键一步。大学生应该根据自己的实际情况制订详细的计划，将大目标分解成小目标，逐步实现。

（2）时间管理能力

合理管理时间是自我管理的基础。大学生应该养成良好的时间管理习惯，合理规划每一天的时间。首先，明确目标和制订计划是有效的时间管理的基础。明确学习目标和个人发展目标，然后根据目标制订详细的计划，能够更好地掌控时间。可以将计划分为长期计划、中期计划和短期计划，逐步细化每日的任务安排。其次，合理规划课程时间和自习时间，可以提高学习效率，保证学习质量。同时，要学会设置优先级。在大学学习生活中，各种活动都会占据一部分时间，但是要明确学生最重要的是读书学习，应将其放在优先考虑的位置。最后，科学利用碎片化时间是提高时间利用率的关键。碎片化时间就是零碎的时间，例如乘车、排队等待、午休时间等。这些时间看似微小，但是如果能够合理利用起来，进行阅读、背单词、练听力等学习活动，就可以提高时间利用效率。

（3）情绪管理能力

情绪是人们因外界事物的刺激而产生的不同生理和心理反应，它影响人的活动方向、行为选择和人际关系。自我管理能力的关键在于情绪管理。良好的情绪能够使大学生将大部分精力投入学习中。情绪管理主要涉及两个方面：一是学会关注自己的情绪，这是管理情绪的基础。可以通过写心情日记的方法，记录自己每天的情绪状态，关注自己当时的感受。二是学会调整自己的情绪，这是情绪管理的最终目标。首先，可以通过转移注意力的方式，有意识地将注意力从当前对象转至其他对象，从而使情绪得到调节。如运动、听音乐等，都可以很好地调节不愉快的情绪。其次，可以进行合理的情绪宣泄。通过倾诉、高喊、哭泣等方式可以宣泄不快的情绪，从而使情绪回归平静，但是要注意宣泄方式的合理性。最后，可以积极寻求外力帮助。如果单靠自己的努力仍然无法摆脱不良情绪的侵扰，就需要寻求外力的帮助。可以寻求老师和同学的帮助，把自己内心的不良情绪表达出来。如果负面情绪严重，要积极寻求专业的心理咨询，如校内外心理健康咨询机构。

（4）健康管理能力

健康的生活方式对于培养自我管理能力很重要。首先，大学生需要有规律的生活作息。在保证充足睡眠的情况下，保持固定的起床和休息时间，这样可以让身体习惯一种生理节律。同时，要保持充足的睡眠，以此保证精神饱满。其次，要保持良好的饮食习惯。饮食健康、合理搭配，不吸烟、不饮酒，不过度减肥，少吃油腻食物以及远离高糖、高脂食物，这些都是保持身体健康的重要因素。此外，大学生要参加体育锻炼，在课余时间进行适当运动，可以增强体质，提高免疫力。但要注意量力而行，注意人身安全。最后，大学生更应注意保持心理健康。学会自我调节，缓解情绪，保持平和的心态。

（5）自我反思能力

自我反思能力是一种重要的自我管理能力，可以帮助大学生更好地了解自己，认识到自身优势和不足之处，并及时进行调整。然而，现代社会的快节奏和信息过载，很多大学生缺乏自我反思的时间和机会，导致他们在成长中遇到各种问题时难以做出明智的选择。自我反思能力可以通过以下几点来培养。首先，培养良好的自省习惯。自省是自我反思的前提和基础，它能帮助大学生集中注意力，反思自己的行为、思想和情感状态。每天抽出一定时间，安静地思考自己这一天的所见所闻，总结心得体会。其次，大学生可以借助外界资源来增强自我反思能力。阅读心理学或自我发展方面的书籍，从中获得有关自省和自我调整的理论知识，丰富反思内容。最后，积极参与社会实践活动。社会实践活动为大学生提供了许多自我反思的机会，通过与他人的交流和互动，可以更好地认识自己与他人的差距，也可以获得不同的视角和思考方式。

【心中有数】

正面案例：乔同学学习优异，已保研至某"双一流"大学。乔同学善于将每天的时间发挥出最大效用，能够合理地将时间分配给学习、科研、竞赛和生活。大学期间，他不仅专业成绩优异，还在各类竞赛中获得了奖项。大学四年，乔同学一直将学习看作第一重要的事，这也是他待办事项中的优先项，而良好的学习习惯和高效的学习方法，是他一直名列专业前茅的秘籍。在乔同学看来，学习方法很重要，课堂上认真听讲是提高学习效率的关键。课堂上，他的身影永远会出现在教室前三排，并在课后及时复习、查漏补缺和总结反思。"除了平时课堂认真听讲，期末周的复习也至关重要"，乔同学说，"有针对性地复习，将重难点知识钻深吃透，并多刷题以检验学习成果。有些学科重难点多、内容杂，则要运用信息检索，从网课、课件以及其他习题中甄别重难点，再根据章节内容的重要程度判断重难点。"

提问：你有大学规划吗？你能制订自我管理计划吗？你能让自己按照计划去奔赴你规划的未来吗？

答：

（温馨提示："我生待明日，万事成蹉跎"。现在还处于盲目、迷茫阶段的你快去规划自己的未来吧！自我管理能力在人生道路上起着非常重要的作用。）

3.2.2　终身学习能力

3.2.2.1　终身学习的内涵

狭义的学习通常指在校的学习。它是一种有明确目标、有详细计划、有集体组织的对知识和技能的学习。广义的学习是指由经验引起的行为或行为潜能的相对持久的变化，是把信息和经验转化成知识、技能、行为和态度的终身过程。终身学习是指个体为适应社会发展现状和实现个体发展的需要，贯穿于个体一生的、持续的学习过程，简言之"活到老学到老""学无止境"。终身学习是人在未来社会中的一种生存方式，即通过持续的学习进程以发挥人的潜能，激励个人获得终身所需的知识、价值、技能与被理解的权利，并在任何条件、情况和环境下有信心、有创造性和愉快地去应用。和高中的学习相比，以高等教育为起点的终身学习是基于个人自发的意愿而进行的学习活动，由学习者自主选择适宜的学习手段与方式，其学习的目的是使学习者获得自信和提升能力，以适应社会的变化和挑战，实现人的全面发展。在当今社会，知识与技能的更新速度越来越快，大学生需要具备终身学习的能力来应对时代带来的挑战。

3.2.2.2 传统学习观与终身学习观比较

表 3-1 列举了传统学习观与终身学习观的一些区别。

表 3-1 传统学习观与终身学习观的比较

项目	传统学习观	终身学习观
学习时间	幼儿期、少年期、青年期	人生的各个阶段，直到生命结束
学生目的	学习基础知识	培养学习、生活和工作能力
学习作用	获得文凭	发现和强化潜能，提高能力
学习领域	限定的、隔离的	沟通的、融合的
学习机会	依分数、年龄、区域、专业、性别而机会不同	学什么自主决定、不受限制
向谁学习	学校的老师	能者为师、先者为师、快者为师
学习方式	你教我学、你问我答、你安排我来做、你考什么我准备什么	提供思路、方法、资料，靠实践检验
考试场所	教室	社会
考试内容	考卷上的题目	事事都可能是考题
成绩标准	分数	事情的结果
学习工具	主要用书本学习	借用各种学习工具、媒体学习
学习观点	"活到老，学到老"是一种好品德	"学到老才能活到老"是一种生存本领
学习内容	根据教学计划和学校、老师安排，侧重于自然科学、抽象知识	根据生活、工作需要，侧重于文化修养、实用知识

3.2.2.3 终身学习能力的关键

大学生终身学习能力是指持续学习、适应学习环境变化、自主学习和应用学习成果的能力。大学生唯有培养主动发现、分析和解决问题的意识和能力，方能在未来的社会中持续进步。这可以通过增强思维能力、提高信息处理能力以及加强团队协作能力等方式，来不断提升终身学习的能力，见图 3-2。

3.2.3 逻辑思维能力

3.2.3.1 逻辑思维的内涵

逻辑思维是指人们在认识过程中借助于概念、判断、推理等思维形式能动地反映客观现实的理性认识过程。只有经过逻辑思维，人们才能达到对具体对象本质规定的把握，进而认识客观世界，是人认识的高级阶段，即理性认识阶段。与形象思维不同，它以抽象为特征，通过对感性材料的分析思考，撇开事物的具体形象和个别属性，揭示出物质的本质特征，形成概念并运用概念进行判断和推理来概括地、间接地反映现实。逻辑思维方法主要有归纳和

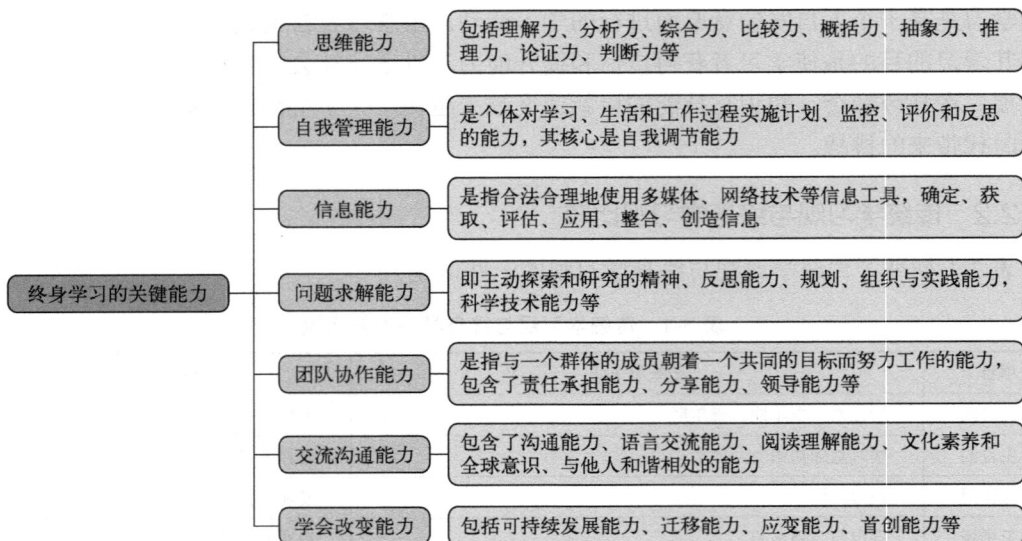

图 3-2　终身学习的关键能力

演绎、分析和综合以及从抽象上升到具体等。逻辑思维一般分为经验型与理论型两种类型。前者是在实践活动的基础上，以实际经验为依据形成概念，进行判断和推理，如工人、农民运用生产经验解决生产中的问题多属于这种类型。后者是以理论为依据，运用科学的概念、原理、定律、公式等进行判断和推理。科学家和理论工作者的思维多属于这种类型。

逻辑思维能力是大学生在学习和生活中非常重要的素养。不仅能帮助大学生更好地理解和掌握所学知识，还能培养他们的创新和解决问题的能力。

3.2.3.2　提升逻辑思维的方法

（1）培养良好的阅读和思考习惯

阅读是提高逻辑思维能力的基础。大学生应该培养广泛的阅读兴趣，包括文学、科学、历史等各个领域的书籍和文章。阅读能够拓宽视野，增加知识储备，培养批判性思维。读书时要注重思考，不仅要理解作者的观点，还要分析和评价其合理性和逻辑性。平时可以结合阅读做好读书笔记，与他人交流不同观点，不断提升自己的逻辑思维能力。

（2）学习逻辑学知识

逻辑学是一门研究思维规律和推理方法的学科，学习逻辑学可以提高我们的推理和分析能力。可以通过参加逻辑学相关的课程、读相关的教材、研究逻辑学经典著作等方式学习逻辑学。通过学习，可以了解不同的逻辑思维方式，培养逻辑分析和推理的能力。

（3）培养数学思维

数学思维是一种严密的逻辑思维方式。通过学习数学，我们可以训练和培养自己的逻辑思维能力，提高分析和解决问题的能力。解决数学问题是锻炼逻辑思维能力的重要方式。解答数学练习题，可以提高思维的灵活性和敏捷性。

（4）培养批判性思维

批判性思维是逻辑思维的重要组成部分，它要求我们在思考问题时保持客观、理性的态度，善于分析和评价。可以通过参与讨论、提出问题、理性思考等方式培养批判性思维。同时要注意克服主观偏见，理性地对待问题。

（5）多运用思维导图

思维导图是一种将思维和信息组织起来的工具。可以通过制作思维导图的方式将复杂的问题进行分解和整理，帮助我们更好地理清头绪、梳理思路。使用思维导图可以培养我们的系统思维和整体把握问题的能力。

3.2.4　语言沟通能力

语言是人类最重要的交流工具之一，它不仅仅是一种工具，更是一种文化的表达和传承。语言沟通能力是指个体在交流中通过倾听和表达准确理解他人意图并能够有效传达自己意图的能力。在现代社会，语言交流和沟通的重要性愈发凸显。无论是在个人生活中还是在职场环境中，良好的语言交流和沟通能力都是成功的关键。大学作为高等教育的重要阶段，学生不仅需要学习科学知识，也需要提升自己的语言沟通能力，提高自身综合素质。

3.2.4.1　语言沟通的重要性

首先，语言沟通可以帮助大学生建立和维系人际关系，增进同学之间的友谊。人是社会性的动物，需要进行交流和互动。通过语言沟通，可以表达自己的想法和情感，与他人分享心情和经历。只有有效的沟通，我们才能更好地理解他人，增进彼此之间的亲近感和信任感。

其次，语言沟通能够帮助大学生获取知识和信息。语言是信息的载体，通过与他人的交流，可以获取更广泛的信息，了解社会动态和时事新闻。同时，在信息时代，良好的语言沟通能力能够帮助学生更好地筛选和理解信息，提高信息获取的效率和质量。

再次，语言沟通能够帮助大学生解决问题。在大学学习生活中，大学生会面临各种问题和挑战，通过与他人的交流和沟通，可以共同探讨问题的解决方案，互相倾听和理解对方的观点。只有通过有效的沟通，才能够找到最佳的解决方案，并达成共识。

最后，提高语言沟通能力还可以帮助大学生提升职业竞争力。社会竞争日益激烈，尤其是大学生面对的就业市场尤为残酷。如果大学生能够掌握良好的语言沟通能力，能够清晰地表达自己的想法和观点，就可以帮助大学生在面试、演讲和团队合作中表现更加出色，更好地把握工作机会，更好地提升自身的职业竞争力。毕业后在职场上能与他人有效地沟通，也有助于建立良好的职业形象和人际关系。

3.2.4.2　大学生语言沟通的特点

首先，大学生的倾听能力普遍偏弱。倾听是沟通的重要环节，它能够帮助人们准确理解他人的意图和需求。然而，很多大学生在与他人交流时过于关注自己的表达，忽视了倾听他人的意见和建议，导致沟通效果不佳。

其次，大学生容易出现语言表达不清晰、词不达意的情况。一方面，大学生来自全国各地，部分学生普通话不标准，人际交流中夹杂乡音，常会套用方言对话；另一方面，学生在交流的时候，双方无法清晰地表达各自意见，常常出现沟通抓不到重点、语言描述逻辑混乱、重复使用不恰当词句等现象。有些大学生在表达的时候，语法和句法方面存在一些错误，如主谓不一致、时态混乱、用词不当等，导致他们的语言表达不够准确和流畅。

最后，大学生沟通时易紧张。有些学生在公共场合讲话会紧张和恐慌，因害怕表达出错，担心会受到其他同学的嘲笑，不敢发表自己的观点和看法，不愿意主动参加各类讨论。

还有的学生习惯独来独往，从主观上放弃了语言沟通，不愿主动与他人交流，一旦需要语言沟通，便会显得更加紧张。

3.2.4.3　提升语言沟通能力

（1）积累知识，为提升语言沟通能力奠定基础

妙语连珠、出口成章并非一日之功，需要长期学习。阅读大量的文章，积累丰富的知识，提升知识水平，培养思维能力，并在阅读过程中培养语言表达和沟通能力。大学生应多读经典，丰富自己的知识。阅读时，要学会看、记、思。只有不断阅读，才能拓宽知识面，储备丰富的知识，积累更多词汇，从而提升思维和语言沟通能力。

（2）参与校园活动和社会实践

团队活动是锻炼沟通技巧的绝佳机会。大学生可以积极参与学校组织的各类社团、团队活动，与他人合作解决问题，增进互相之间的了解和交流。此外，大学生还可以参加社会实践活动，与社会上各行各业的人员进行对话。与不同人群交流可以帮助大学生开拓视野，学习不同群体的思考方式和沟通风格，提高沟通能力。社会实践的过程中能让大学生认识到，步入社会只有勇于表达，才可以得到更好的发展机会，从而逐步消除学生的焦虑和消极心理，学会大胆地表达，不断提升语言沟通能力。

（3）倾听他人，控制情绪，给予正确的反馈

良好的沟通并不仅仅是将自己的观点传达给他人，更包括倾听对方的意见和需要。大学生应该学会倾听他人的观点，在沟通中保持耐心和尊重，同时积极地提问以进一步了解对方的需求。在沟通的时候，观察和反馈是有效沟通的关键。大学生应该学会观察他人的非语言暗示和情感表达，以便更好地理解对方的意图和感受。同时，及时给予反馈，以便对方了解自己的想法，进而提高双方的沟通效果。情绪对沟通也有很重要的影响。大学生应保持情绪稳定，并学会控制自己的情绪，避免因情绪激动而影响沟通效果。在与他人进行沟通时，应尽量保持冷静和理性，以获得更好的交流效果。

3.2.5　信息检索能力

3.2.5.1　信息

信息是以物质介质为载体，传递和反映世界各种事物的存在方式、运动规律及特点的表征。它反映了物质客体及其相互作用、相互联系过程中表现出来的种种状态和特征。例如，事物发出的消息、信号以及信号中的指令，就可通过一定的物质形式（如声波、电磁波）传送给人或动物某种信息。不同的事物具有不同的状态和特征，因此会产生各种不同的信息。人类就是由大脑经感觉器官来接收自然界和社会中的种种信息以区别各种事物，从而认识世界和改造世界的。信息是一种资源，在当代社会信息化的进程中，信息对我们生活的影响日显重要，人们将信息资源列为当代社会的三大资源之一。

3.2.5.2　信息检索

广义的信息检索包括信息的存储与检索两个过程。狭义的信息检索指信息的检出过程。信息检索就是怎样利用文献、数据库查找资料，我们把通过直接浏览一次文献（书、刊、手

册、网络等）来搜索资料的方法，称为直接检索法（浏览法），而把利用二次文献或数据库查找资料的方法，称为间接检索法。信息时代，培养大学生的信息检索能力已成为培养人才综合素质的一个重要方面，信息素质教育普遍受到各大高校的重视，而高校信息素质教育的主干课程就是文献检索课。

3.2.5.3　信息检索类型

（1）数据检索

数据检索是以各种数据或数值为检索对象，从已有的"信息库"中查找特定数据的过程。其检索结果是数值型数据。例如查天气预报、股票市值等即为数据检索。

（2）事实检索

事实检索是指以某一客观事实为检索对象或对已有的数据进行处理（逻辑推理）后得出的新的事实过程。其检索结果是数值型数据和相关的资料，例如在同类型的汽车中，哪种型号的汽车最省油、本学年成绩优秀的学生有多少名。

（3）文献检索

文献检索是指以文献为检索对象，从已有的"信息库"中查找特定文献的过程，其检索结果是文献资料。凡是查找某一课题、某一作者、某一地域、某一机械、某一事物的有关文献，以及这些文献的出处和收藏处所等，都属于文献检索的范畴，例如"关于儒家文化对韩国经济的影响"都有哪些参考文献。

3.2.5.4　提升信息检索能力

（1）学习信息搜索技巧

第一，信息搜索技巧是提高大学生信息搜索能力的基础。首先，大学生需要学会使用搜索引擎。搜索引擎是大学生最常用的信息搜索工具，但很多学生只是简单地输入关键词，而忽略了搜索引擎的高级搜索功能。例如，使用引号来搜索一个短语，使用减号来排除某个关键词，可以提高搜索结果的准确性。另外，学生还可以学习如何使用专业的学术搜索引擎，以获取更权威和可靠的信息。

第二，学习如何筛选信息也是十分重要的。大学生往往需要处理海量的信息，如何快速、有效地筛选出合适的信息成了挑战。在筛选信息时，可以根据来源、时间、作者等因素进行评估，选择那些可信度高、权威性强的信息源。此外，了解一些常用的文献检索与筛选技巧，如使用通配符、限定来源等，也能提高大学生的信息搜索效率。

（2）培养信息意识和信息素养

第一，培养信息意识和信息素养是提高大学生信息搜索能力的关键。首先，大学生需要认识到信息的重要性和价值，明白信息可以帮助他们解决问题、拓宽视野、提升专业能力等。通过培养信息意识，大学生能够更主动地去寻找和利用各种信息资源。

第二，大学生还需要提高信息素养。信息素养是指一个人在信息时代获取、评估和利用信息的能力。信息素养包括信息检索能力、信息评估能力、信息处理能力和信息利用能力等。大学生可以通过阅读有关的书籍和文章等方式来提高自己的信息素养。通过培养信息素养，大学生能够更加高效地进行信息搜索和利用。

（3）发展批判性思维和信息甄别能力

提高大学生的信息搜索能力还需要培养批判性思维和信息甄别能力。首先，大学生要学会对搜索结果进行评估和分析。信息搜索并非简单地获取关键信息，而是需要对信息的可靠性、准确性、客观性等进行判断。大学生可以培养批判性思维，学会从多个角度对信息进行评估和甄别，形成独立的判断。

3.3　角色转变与自律生活

3.3.1　转变个人角色

3.3.1.1　大学生角色转变的重要性

角色就是人在社会中拥有的身份、地位以及由此决定的行为方式和规范。角色对人的约束分为三个层次：必须的行为、允许的行为、禁止的行为。

角色偏差，一是指角色冲突，当一个人改变原来的角色，重新扮演一个新的角色时，新旧角色之间所发生的矛盾即角色冲突；二是指角色错位，即行为处事超越了自己的角色范围；三是指角色空位，即没有按照角色的规范行为而行动，工作不到位。

从中学生到大学生的角色转变没有处理好，就会产生大学生的角色偏差。我们所说的大学生的偏差行为，是指大学生在个体思想道德社会化过程中，由于其生理逐渐成熟和心理欠缺成熟，以及社会大环境下传统文化价值观与多元文化价值观碰撞产生的多重影响，使得他们在没有旁人正确引导下不能正确地理解和处理这种新变化，从而做出偏离学校规章制度，甚至偏离社会行为规范的种种行为。

3.3.1.2　转变个人角色的方法

（1）正确认识自我，有效自我评价

很多大学生在高中时成绩优异，进入大学后，面对的是来自全国各地的同样成绩优异的同学，相比之下，就不可能再像高中时那样突出。大学生不能再沉醉在高考成功的喜悦中，而应做好"一切从头开始"的心理准备，迅速给自己定位，既不自卑也不自负，培养坚定的信心和顽强的毅力，培养良好的心理素质以及较强的受挫和抗压能力。

（2）正确认识学习方式的转变

一是要由纯粹的接收型向接收创造型学习方式的转变；二是要由教师指导灌输型向独立自主学习型的转变；三是要由"要我学"向"我要学"的转变。要由高中的被动式转变为主动式学习，自我发现，独立思考，勇于实践。

（3）正确处理学习与课外活动的关系

作为学生，最主要的任务是学习。虽然大学有丰富多彩的活动，但学习仍然是学生的主要任务。参加课外活动，目的在于培养才能与能力，这只是完善自己、实现自身价值的一种手段，最终走向社会，靠的还是真才实学。所以，要正确处理二者的关系，将学习与课外活动有机结合起来，合理分配自己的时间，使二者相互促进，共同发展。

（4）正确处理专业知识与课外知识的关系

进入大学，学习专业知识，拥有一技之长是将来谋职立业、服务社会的本钱，自然不可忽视；但现代社会的高速发展，对高素质人才的需求越来越高，大学生在学好专业知识的基础上，可以考虑自己的兴趣爱好和职业发展前景，适当地、有选择地学习其他相关学科的知识，培养更宽广的视野和更强的逻辑思维能力，在丰富知识储备的同时，增强自身的竞争力，这样才不会被社会淘汰。

（5）学会妥善经营自己的人际关系

大学生来自五湖四海，风俗习惯、性格不尽相同，这些差异可能会造成人际关系中的隔阂，只有大胆与人沟通，学会宽容和接受，付出爱心、真诚和宽容，用自己的真心、诚心、热心去对待每一位同学，共同营造一个温馨的大家庭，使大家能愉快地工作、学习，为今后的成长创造一个良好的外部环境。而且，这种良好的人际关系也会成为人生的一笔财富。

3.3.2　适应集体生活

3.3.2.1　集体活动

（1）班级集体活动

大学生班级集体活动是大学生活中不可或缺的一部分，不仅可以加深同学之间的感情，也可以丰富同学们的课余生活。

主题教育班会是大学思想政治教育的载体。通过主题班会，同学们可以一起学习新思想，培养良好的道德情操和行为习惯。

运动会是一项非常受欢迎的班级集体活动，它可以让学生在比赛中展现自己，同时也可以增进同学之间的友谊，增强班级凝聚力。

文艺汇演是一种比较典型的班级活动，新生迎新晚会、毕业生欢送会等都是大学中精彩的文艺汇演，不仅可以展示同学们的才华和创意，也能让同学们在观看表演的同时，上好一堂生动的美育思政课。

志愿服务是一种比较有意义的班级集体活动，它可以让学生参与到社会公益事业中，为社会做出自己的贡献。在志愿服务中，可以选择不同的服务项目，如保护环境、帮助老人等，让学生在服务中获得成就感，增强责任感。

班级聚餐是一种比较轻松愉快的班级活动，可以让同学们在美食和欢笑中放松心情。

（2）学生组织

大学学生会分为校学生会、院学生会（个别系可能存在系学生会）。学生会是学生自己的群众性组织，是学校联系学生的桥梁和纽带，强调"自我服务、自我管理、自我教育"。学生会会组织学生开展一些校园文化活动。

大学的社团和协会具有完全区别于学生会的特点，是学生在自愿的基础上自发组织而成，并按照章程自主开展活动的学生群众组织。社团是具有某些共同爱好（特征）的人相聚而成的互益组织，如音乐协会、羽毛球协会、街舞社团等。社团和协会可打破年级、系科以及学院的界限，团结兴趣爱好相近的同学，发挥他们在某方面的特长，开展有益于学生身心健康的活动。

3.3.2.2　积极参加集体活动

根据自己的兴趣与爱好有选择地参加集体活动，可以扩大学生的知识面，锻炼学生的组织能力，更快地适应大学集体生活。在大学里，每个大学生不应是各种活动的旁观者，而应该积极参加各种活动。参加各种活动的原则是：

（1）根据学习情况和是否学有余力而定，如果主要学习任务重，应集中精力完成规定的学习任务，减少参加的时间。

（2）根据自己的兴趣与爱好而定，尽量选择有兴趣的项目参加，让自己学在其中，乐在其中。

（3）根据活动的参与程度而定，活动有组织者、参与者之分。活动的组织者与参与者投入的精力是不一样的，收获也不一样。作为组织者要精心策划，以锻炼能力为目的；作为参与者要认真投入，全力参与，提升素质。

【心中有数】

选择社团时应该注意：

1. 明确自身定位，选择合适的社团

在选择社团时首先考虑的应该是自己擅长什么和是否感兴趣。按照自己的特长与爱好，明确自己想要在社团中学到些什么、做些什么，制订并实施计划。

2. 选择不可过于草率

选择社团时，要综合多方面的因素和条件，考虑清楚后再做决定，切不可草率。一些同学匆匆忙忙地选了一个社团，过了一段时间后觉得不适合，就很快放弃了，可谓"来也匆匆，去也匆匆"。结果什么也没学到，还浪费了时间。

3. 不可贪多

参加社团组织固然好，但其前提是不要与正常的学习相冲突，一定要记住大学生应当将生活重心放在学习上。建议新生选择一到两个自己最感兴趣的社团即可。

4. 不可抱有功利性

抱着功利性的想法去参加社团是非常不可取的。有的学生觉得参加社团可以在每年的综合测评或品德考评时加分，从而获得荣誉等；有的学生希望能够在社团中混个"一官半职"，以此来提高自己的知名度；有的学生认为如果不参加社团，自己的经历太单调，将来的简历上内容不够丰富……这些想法均不可取。社团为大学生提供了一个与人和社会接触的机会，从中可以提高自己的社交能力、实践能力、自我管理能力、生存能力，也可以增进同学之间的相互了解，结识更多的新朋友。

5. 积极主动地锻炼自己

部分同学对社团存在着一种错误观点，认为社团活动不过是一种娱乐而已，想到的时候就去参加，凑个热闹；没心情就不去，反正只是娱乐。这些都违背了社团活动的宗旨，对自己、对社团都是一种不负责任的行为。任何选择都不该是盲目的，选择参加，就应积极主动地参与活动。可以尽量争取承担社团内的一些工作。比如组织社团活动，可以锻炼个人的组织能力和交际能力等。但是，组织者并不是人人都可以做的，当好一名尽职尽责的"小兵"也很重要，职位再小也不要忘记自己是社团的一员，有义务和责任搞好社团活动。

3.3.3 熟悉校园环境

3.3.3.1 进入校园环境

进入校园的第一步是熟悉校园环境，品味校园。不同的大学有不同的校园环境。一般来说，由于大学生刚入学，人生地不熟，许多新生会或多或少地对大学这个陌生的环境产生身心不适应的感觉。如，有因水土不服导致的身体不适；远离父母亲人的关爱和照料，远离熟悉的家庭环境而产生的失落感或孤独情绪；由于生活开始自理而滋生厌烦或无奈情绪；还有的大学新生初到陌生的大学，听不懂当地方言或听不懂新同学的普通话、方言而使彼此之间的沟通不顺畅，感到困惑或无助；更有的大学新生，离开自己的中学密友或玩伴，一下子接触新的室友、学友，因彼此不了解而产生陌生感等。所以，从心理学角度分析，对于远离家乡来上大学的新生来说，入学就意味着新的生活，就会产生不可回避的陌生感和远离亲人的孤独感等。在不同家庭环境下成长的新生，对于陌生环境的适应自然会有一些差别，这些差别都是正常现象。

3.3.3.2　熟悉校园环境的途径

（1）寻求老师和同学的帮助

大学新生可以主动寻求老师和高年级同学的帮助，在他们的指引下，就会逐步了解教室、图书馆、商店、食堂的位置，如何前往市中心或大型商场、银行等。

（2）自行探索

借助大学通知书上的导游简图，加上各类手机地图软件，就可以利用空闲时间来一次校园一日游或半日游。随着时间的推移，这种有趣的个人探访实践，自然就会熟悉和适应大学生活环境，自信心和融入大学新环境新生活的愿望随之而来。

【心中有数】

有些大学新生来到大学前，会对大学生活无限遐想，但进入大学后会产生失望之感，诸如认为校园环境不美、教学设备陈旧、图书资料匮乏、住宿条件不如意、食堂伙食不可口等。面对这些现象，大学新生需要冷静分析，给自己提问：

（1）我上大学的目的是什么？

（2）我是来享受的，还是来奋斗的？

（3）我是大学环境的被动接受者还是主动适应者？

外在环境美对一个人有一定的影响，但是我们更应该关注大学的丰富内涵：多元包容的文化氛围，自强不息、厚德载物的校风，优秀教师的人格魅力和道德风范，追求真理、探索新知的同学们，丰富多彩的学习生活才是最为珍贵的。大学校园的楼房再高、寝室再豪华、风景再秀丽，也不如大学里积淀的文化和精神的魅力。

所以，大学新生应自我调适心理需求，逐步把握个人所需，逐步融入校园环境之中。

3.3.4　适应自律生活

3.3.4.1　自律生活的重要性

大学校园是一个小社会，学生生活离不开教室、宿舍、班级、社团等集体，每个学生都是集体的一员。大学生活不像家庭生活那样，可以放任个性、随心所欲，它要求每个成员必须遵守国家教育法规、学校规章制度、集体的规范和公约，逐步养成"自我教育、自我管理、自我服务"的良好习惯，增强自我约束能力，学会遵章守纪，学会良好沟通，学会和谐相处，共同成长。

因此，刚进入大学的新生，要通过入学教育，认识和把握大学规律，简而言之，就是尽快完成从中学生到大学生的角色转换，及时调整心态，尽快掌握大学学习规律、独立生活规律、人际交往规律，使自己的生活充实、丰富起来。大学有规矩，关键在于如何适应自律生活，进行自律管理。

3.3.4.2 适应自律生活的方法

大学生自律生活很重要，执行起来并不难，主要是学习掌握高校教育法规，了解高校制定的学生管理规定，知道什么是学生的权利和义务，什么是学校和学生的行为准则，弄清大学规矩，避免大的失误等。

（1）遵守校规校纪

遵守校规校纪非常重要。校规校纪是为了维持正常的教学秩序，使我们在德、智、体、美、劳各个方面健康成长而提出的行为准则和人际交往的基本要求。所以大学生应该主动了解、熟悉学校纪律的内容和基本要求，自觉地用学校的规章制度来约束、规范自己的行为，养成良好的纪律习惯，以遵守纪律的良好行为来维护学校纪律的严肃性。每个大学生都应学习并遵守《普通高等学校学生管理规定》以及本学校的《大学生手册》，熟悉本校的《学籍管理制度》《奖惩规定》《宿舍管理规定》等，借以指导自己的行为。

（2）遵守网络安全法律法规

随着新媒体技术的不断发展和应用，互联网、手机和软件也取得了显著进展。因此做好网络安全教育工作至关重要，需要大学生从自身实际情况入手，规范自身行为，保持自律。大学生应遵守法律法规，规范网上行为，自觉抵制有损网络文明、有悖网络道德、损害网络和谐的事，积极倡导、自觉实践网络文明健康公约。

（3）养成良好的生活习惯

合理的作息时间对于大学生的身心健康非常重要，要养成每天早睡早起的习惯，确保充足的睡眠时间以保证高效的学习状态。定期进行体育锻炼，提高身体素质，增强意志力。无论是晨跑、去健身房还是参加校园运动，都选择适合自己的锻炼方式，坚持下去。积极学习，培养读书和学习的习惯，可以通过每天阅读一定数量的书籍、参加学术讲座、参加学习小组等方式持续学习。养成规律的饮食习惯，合理的膳食结构对于身体和大脑的正常运转至关重要，要有规律地吃饭，保证营养摄入的均衡。

中篇

自我调整，养成教育

第四章　学业管理

4.1　认识大学学习

4.1.1　大学学习的特点与方法

4.1.1.1　学习与学业的关系

学习的概念：广义的学习是指人与动物在生活过程中凭借经验产生的行为或行为潜能的相对持久的变化。狭义的学习是指人类的学习。大学阶段的学习，知识的广度和深度大大增加，专业方向基本确定，需要充分发挥学习的主动性、创造性。同学们可以根据个人兴趣和能力选修相关课程，自由支配的学习时间增多。这意味着大学学习的主动性大大增强。广泛涉猎相关知识，掌握科学的学习方法，培养自主学习和独立思考问题、分析问题、解决问题的能力，是大学阶段学习的重要特点。

学业的概念：学业是指与学习相关的各种活动和成果。它包括以下几种概念。

学问：涉及对知识的研究与应用。

学术：关于学科的研究和探讨。

学习课业：指学生在学校或个人学习中完成的各种任务和项目。

学习事业：涉及和利用所学知识进行实际操作或创业等。

大学学业是指大学阶段所进行的一切以学习为主的活动。学业是大学生立身之本，是大学生应当集中精力努力掌握的知识、能力、素质体系。拥有好的学业，才会有更好的就业和发展。同时，学习与学业相互促进呈正相关趋势，在学习中投入越多，则学业成绩与学业发展越好。

4.1.1.2　高中学习与大学学习的区别

表 4-1 列举了高中学习与大学学习的区别。

表 4-1　高中学习与大学学习的区别

维度	高中学习	大学学习
学习自由度	高中学习通常受到课程安排和要求的限制	学生通常可以选择自己感兴趣的课程和专业
学习深度和广度	高中学习更为综合和广泛，涵盖各种学科和领域	大学学习更加深入和专业化，学生将深入研究特定领域的知识和理论
学习自主性和责任	高中学习通常有更多的指导和监督，学生需要遵循教师的安排和要求	大学学习强调自主学习和主动探索，学生需要更多地独立管理和组织自己的学习
学习方法和评估方式	高中学习更加注重基础知识的掌握和考试成绩的评估	大学学习注重批判性思维、分析能力和独立研究能力的培养，学生需要进行更多的阅读、研究和写作
学习环境和资源	高中学校的资源相对有限，主要集中在教室里和教材上	大学提供了更多的学习资源和研究设施，如图书馆、实验室等，以支持学生的学术探索
学习态度和目标	高中学习更多地为了完成学业要求和升学考试	大学学习更加强调个人成长和职业发展，学生需要明确自己的学习目标并积极追求

4.1.1.3　大学学习的特点

学习内容的专业性。大学学习的内容通常都是针对特定的学科和专业，学生在进入大学时就需要选择一个或多个专业领域进行深入研究。

学习过程中的自主性。大学学习不再像中学那样完全依赖教师的指导和安排。学生需要在学习过程中充分发挥自主性和创造性。

学习方式的多样性。除了传统的课堂教学外，还有大量的自学时间和机会，学生们可以通过阅读书籍、访问学术网站等方式来获取更多的信息和知识。

学习目标的明确性。大学学习的目标是让学生能够更好地为未来的职业生涯或进一步的学习研究做准备，因此在选择课程时会更加注重专业的相关性。

4.1.1.4　大学的学习方法和策略

（1）常用的学习方法

目标学习法。美国心理学家布鲁姆认为，只要有最佳的教学，给学生以足够的时间，多数学习者都能取得优良的学习成绩。有了具体目标能增强学习的注意力与学习动机，即为了这目标必须好好学习。确定目标可以参照以下几点：第一，好的目标要有一个时间期限；第二，好的目标要有一个期待标准；第三，好的目标要有一个明确的应用场景。目标学习法的核心问题是必须形成自我测验、自我矫正、自我补救的自我约束习惯。

费曼学习法。该方法源于诺贝尔物理学奖获得者理查德·费曼。通常认为知识有两种类型：第一类知识注重了解某个事物的名称，第二类知识注重了解某件事物。费曼学习法可以简化为四个单词：Concept（概念）、Teach（教给他人）、Review（回顾）、Simplify（简化）。运用费曼技巧，只需花较短的时间就能深入理解知识点，而且记忆深刻，难以遗忘。

模仿学习法。美国心理学家多拉德和 N. E. 米勒首先提出模仿学习说，认为若观察者的行为与示范者的行为相一致，并经常获得足够的强化，就能使观察者学会模仿。该方法是指以仿效榜样的行为方式为特征的一种学习模式，区别于直接对刺激作出反应、以尝试错误为特征的直接学习。

艾宾浩斯记忆法。该方法是指信息输入大脑后，遗忘也就随之开始了，遗忘率随时间的流逝而先快后慢，特别是在刚刚识记的短时间里，遗忘最快。通过遵循艾宾浩斯遗忘曲线所揭示的记忆规律，对所学知识及时复习，这种记忆学习方法即为艾宾浩斯记忆法。第一是要复习自测，及时复习，可以抓住记忆的最好时机；经常自测，可以弄清哪些知识没学好、没记住，哪些地方容易混淆、有误差，以便马上核实纠正。第二是要定期复习，即对自己所学的课程、知识制订复习与自测计划，然后按时执行。

大学生在学习时可以按照以下步骤选择适合自己的学习方法。首先了解自己的学习风格。例如，有的人在听课中喜欢记笔记，有的人更喜欢通过朗读来记忆理解书本。依据这些不同的学习方法可以把学习分为五种不同的学习方式：视觉学习、言语学习、听觉学习、动觉学习、社会学习。其次，要多试多练。不同的课程需要不同的学习方法，可以尝试不同的学习方法，找到最适合自己的，不断练习和改进。再次，在学习中发现并突出学习重点，掌握重点知识和技能，有针对性地学习和练习，提高学习效率。最后，在学习过程中需要不断反思和调整自己的学习方法和计划，总结经验教训，逐步找到最适合自己的学习方法。

（2）有效的学习策略

检索学习。所有信息进入大脑都需要先经过筛选"登记"，没有"登记"的信息很快被遗忘。有时候信息被反复阅读的次数较多，会产生已经对这个知识很熟悉的错觉，但事实上并不牢固。有效的学习策略就是检索学习，即从记忆中检索相关的知识和技能，进行自我测验，而不只是机械地阅读记忆。测验可以帮助判断学到了什么，读书或研究笔记的时候，可以时不时停下来，合上书本问自己以下几个问题，以提高检索学习的效果：

这段的核心概念是什么？

哪些术语或者概念是我没有接触过的？

我可以如何定义它们？

这些概念和我以前的知识有什么联系吗？

间隔学习。即每间隔一段时间进行再次学习的方式。研究者挑选了38名住院外科实习医生进行实验。这些医生要参加4节有关显微镜手术的课程，学习如何把细小的血管重新连接起来。研究者将这些医生平均分成两组，一组医生在一天内就上完了全部4节课；另外一组医生是每周上一次课，每节课之间有一周的间隔时间。所有课程结束后，研究人员对两组医生进行了测试，两组医生测试结果之间的差异非常显著，间隔学习的医生们表现得更好。因此实验结果做出了解答，间隔学习比集中学习的效果更好。这是因为长期记忆存储信息需要一个巩固的过程，这个过程可能需要数小时，甚至数天。快速频繁的练习，只能产生短时记忆；间隔学习，虽然会有一些遗忘，但是重新复习、检索所学的过程，会促进知识巩固，强化记忆。同学们可以利用间隔学习的原则给自己制订一份自测计划，在每个学习阶段之间都留出一段时间间隔，之后再进行自测，寻找那些可能被你遗忘的知识，重新进行检索学习，这会把知识点记得更牢。

联系学习。在学习过程中尽可能提问，加深对所学内容意义的理解，主动与以前所学的知识相互联系。东尼·博赞创立的思维导图体现了长时记忆存储信息相互联系的特点，即从一个思考中心出发，向外发散各种主题节点，充分利用不同的颜色、图像、记号等手段调动左右脑来加深记忆。除此之外，长时记忆存储信息还有形象化的特点，对于某项技能，视觉化是一个非常重要的学习策略，能够帮助人们克服困难和实现目标。具体来说，可以在大脑中尽可能详细地想象某个技能，这个想象在大脑中激活的神经通路和实际做的时候一样，多次想象练习后可以达到学习的目的，比如飞行员、运动员进行的模拟训练。大脑其实不能分辨是想象还是实际，在想象中获得成功并坚持不懈，它会让外部事实与想象一致。

优秀学习习惯列表。优秀学习习惯的养成，需要刻意练习、不断反思、付出努力。接下来就对有效学习策略进行总结，大家可以将自己原来的学习模式与下面的学习策略进行对照，找出自己的薄弱环节，进行调整。

课前要阅读相关材料。

在阅读材料的时候，给自己出模拟考试题，并尝试作答。

在课上努力回答这些假设性问题，从而验证阅读内容的记忆效果。

复习时找到那些记不清或者不知道的术语，重新学习。

在阅读笔记中抄写重点术语和定义，确保自己能够理解。

做模拟测试题，找出自己学习中漏掉的概念，重点学习。

用自己的方式（可以是思维导图）把课上的信息重新组成一份学习指南。

写出复杂和重要的概念，不时地进行自测。

在整个学习过程中，把复习和练习间隔开。

对于需要创造性学习的内容，不要设限。

4.1.2　大学学习的规律与效果

（1）学习规律的概念

规律是事物发展过程中固有的、稳定的本质联系和必然趋势。学习规律就是揭示学习活动所必须遵循的规则。对于大学生来说，掌握学习规律可以了解学习的特点，制订合适的方法，有针对性地改进不良的学习习惯和学习方法，让学业更加高效轻松。

（2）学习的基本规律

① 主客体统一规律

学习的主客体统一规律强调学习者在对象性活动中，通过主体客体化与客体主体化的双向运动，实现自我建构。在大学学习的过程中，大学生是学习的主体，课程、社会行为规范、技能技巧等学习对象是学习的客体。当大学生主动、积极、自觉地去作用于学习对象时，其学习效果就好，反之学习效果就不好。若大学生能够主动、积极地去认知学习对象，自然就会使学习活动经常处于最佳状态。

② 认识发展规律

认知发展规律指在学习的过程中大学生接受外界的感性刺激，把有关信息输入大脑后形成知觉、记忆；再经过思维的综合、分析、判断而形成经验的一种过程。在学习过程中，通常会经历从感知到思维的发展过程。一开始总是通过自己的感官对客体事物的个别属性做出反应，但学习不能仅仅停留在感觉这一认识阶段，还需要在经验的参与下，以感知提供的信息为基础，通过大脑的加工处理，以概括性的语言形式储存在大脑中，从而形成关于某类事物经验的系统化认识。

③ 循序渐进规律

循序渐进规律指大学生学习的过程是一个循序渐进、知识积累的过程。所谓循序渐进，就是以扎实的步伐，一步一个脚印地向前迈进。这个过程从基础知识和基本理论开始，由浅入深、由简单到复杂、由容易到困难、由局部到全局、由低级到高级不断发展。而所谓的知识积累，就是一个从数量积累到质量飞跃的过程。当知识积累达到一定程度时，智力将会实现质的飞跃，跃升到一个新的高度。

④ 环境制约规律

环境制约规律指作为学习主体的大学生是时刻受环境制约的，其学习也免不了受到环境的制约。制约人的环境来自社会和自然两个方面。社会环境如社会秩序、校风校貌等；自然环境如气候变化等。这些环境时刻在对大学生的心理产生影响。为了适应这一规律，大学生需要在学习过程中学会适应、利用和改造环境。在努力创造良好环境的同时，要保持健康的心态与体魄，与周围的人保持和谐的关系，以便最大程度地减轻恶劣环境对自己的影响，并最有效地利用良好环境为自己提供的条件，从而确保学习能够顺利进行并取得良好效果。

⑤ 知行统一规律

知行统一规律指知与行是一对矛盾。知是指大学生在学习过程中对所接收的知识信息有所了解、理解、消化、掌握和巩固；行则是将这些知识信息运用到实际生活中，付诸实践，以达到改变现实世界的目的。这两者之间的关系是行可以包含知，但知并不完全等同于行。当想要做某件事时，说明已经对这件事有了一定的了解。然而，仅仅知道这件事并不意味着一定能做好这件事。大学生的学习不仅仅是为了获取知识，更重要的是将所学知识付诸实践，这是学习的根本问题，也是个体发展的必然趋势和最终归宿。

【阅读材料】

饿猫打开迷笼实验

实验过程：桑代克把一只饿猫放到笼子里，笼子里有一个能打开门的脚踏板，当猫踩到脚踏板，笼门就会开启，猫即可逃出笼子，并能得到笼子外的奖赏——鱼。实验开始了。刚开始，饿猫进入笼子中时，只是漫无目的地乱撞，后来偶然踩到脚踏板，饿猫打开笼门，吃到了食物。接着第二次，桑代克再把饿猫关在笼子中，如此重复，最后，猫一进入笼中就能打开笼门。实验表明，猫的操作水平都是相对缓慢地、逐渐地和连续不断地改进的。

实验结论：猫的学习是经过多次的试错，由刺激情境与正确反应之间形成的联结所构成的。

桑代克据此认为，学习的实质就是有机体形成"刺激"（S）与"反应"（R）之间的联结。他明确地指出："学习即联结，心即是一个人的联结系统。"同时，他还认为学习的过程是一种渐进地尝试错误的过程。在这个过程中，无关的错误反应逐渐减少，而正确的反应最终形成。

根据桑代克的饿猫打开迷笼实验得出了三条著名的学习规律。

（1）准备律：此准备不是指学习前的知识准备，而是指学习者在学习开始时的心理定势，简而言之，联结的增强和减弱取决于学习者的心理调节和心理准备。

（2）练习律：指学习要经过反复的练习，刺激与反应之间的联结会由于重复或练习而加强。

（3）效果律：导致满意结果的行为会被加强，而带来烦恼的行为则会被削弱或消退。产生满意结果的行为被保留下来，而产生烦恼的行为将会减少。

对于每一位在校大学生来说，无论是为了考试取得好成绩，还是为了将来的就业和发展，都需要不断地学习新知识、新技能。然而，学习并非一蹴而就的事情，它需要遵循一定的学习规律，才能达到事半功倍的效果。

（1）掌握学习规律有助于了解学习的特点，掌握适合的学习方法

学习是一个复杂的过程，它涉及记忆、理解、应用等多个环节。每个环节都有其特点和规律，需要针对每个环节制订合适的学习方法。例如，对于记忆这个环节，可以运用艾宾浩斯记忆法。这种记忆法强调在适当的时间复习，以增强记忆的持久性。通过这种方法，可以更牢固地掌握知识点。

（2）掌握学习规律能提高学习效率

学习是一个由浅入深、由易到难的过程。掌握了学习的规律，才能明白学科的内在逻辑，逐步深入，逐步提高，知识才能实现质的飞跃，达到新的水平。掌握学习的规律可以改进不良的学习习惯和学习方法，找出问题，制订改进计划，以提高学习效率。

4.2 大学阅读

4.2.1 阅读的概念

阅读是运用语言文字来获取信息、认识世界、发展思维，并获得审美体验与知识的活动。它是从视觉材料中获取信息的过程。视觉材料主要是文字和图片，也包括符号、公式、图表等。

阅读是一种主动的过程，需要阅读者根据自身的目标进行调整和控制。阅读实质上是一个理解、领悟、吸收、欣赏、评价和探究文章的思维过程。作为当代大学生，在数字化时代更要学会如何正确并有效地阅读，通过阅读能够拓宽视野，增加阅历，提升内在修养。

4.2.2 阅读的意义与重要性

（1）认知世界和拓宽视野

通过阅读，能够深入了解世界的多样性和复杂性，了解不同文化和思想的碰撞。这样的体验有助于塑造更加全面和广阔的世界观。通过阅读各种书籍，可以探索世界各地不同的文化和思想，从而拓宽视野，丰富知识，并逐渐形成一种全面的世界观。

（2）塑造性格和完善人格

阅读有助于更深入地洞察自己和他人的情绪及动机。阅读时，不仅可以了解书中角色的心理状态和动机，还可以从中发现自己的影子，从而激发自我反思和成长。通过这种方式，可以更好地理解自己，更好地处理自己的情绪，更好地与他人相处，进而塑造更加积极、成熟的个性。

（3）提供知识和技能

阅读是一个有效的知识获取渠道，它可以增强个体的专业素养和解决实际问题的能力。在阅读的过程中可以学到许多新的知识与技能，比如说通过不断阅读，能够了解一些之前从

未接触到的知识，这些知识包括各地域的文化差异、专业知识、地理位置等，同时在阅读的过程中可以积累一定的阅读功底，从而增强写作能力与表达能力，这些知识或技能在实际生活中非常有用。

（4）提升思维能力和创新意识

通过阅读，可以开拓自己的思路，锻炼自己分析问题和解决问题的能力。阅读时，需要理解作者的观点并分析其论述逻辑，同时思考是否与自己的观点存在差异与冲突，在这个过程中不断地进行提问、思考与解答，这对于提高逻辑思维能力和问题解决能力具有重要的作用。在阅读的过程中，可以接触到各种不同的观点和思考方式，这些都能够使思维更加广阔，更具有包容性和多元性，对于思维活跃度和创新能力有着极大的提升。

4.2.3　阅读与学习的关系

（1）阅读可以激发对学习的兴趣

阅读可以激发对学习的兴趣。通过阅读，可以接触到各种各样的知识和信息，了解到世界上的各种事物及其发展变化，从而激发对学习的兴趣。比如，一本有趣的小说可以让人沉浸在故事情节中，从而激发对文学的兴趣；一本科普读物可以让人了解到自然界中的种种奥秘，从而激发对科学的兴趣。因此，阅读可以促进学习，激发对学习的兴趣。

（2）阅读是学习的重要途径

阅读是获取知识和信息的重要途径。通过阅读，可以学习到各种学科的知识，如历史、文学、科学等。阅读可以帮助了解各种各样的思想、观点和理论，并从中获取真知灼见。此外，阅读还可以开阔视野，帮助我们更好地理解世界和人性。因此，阅读是学习的重要途径，对学习起到了至关重要的作用。

（3）阅读可以提高学习效率

通过阅读，可以更加深入地了解学科知识，从而更好地对其理解和掌握。此外，阅读还可以提高阅读和理解能力，从而提高学习效率。因此，阅读可以帮助人们高效地学习。

（4）阅读可以促进多元化学习

通过阅读，可以了解到丰富的学科知识，如历史、文学、科学、哲学等。这些学科之间存在着紧密的关联，能够帮助进行多元化的学习。此外，阅读还有助于推进跨学科的学习，从而更全面地理解和掌握知识。

4.3　学分制

4.3.1　学分制的概念

学分制是以选课和学分积累为核心机制的一种高等教育教学管理制度，是对课程设置僵化、修业年限固定的陈旧教学管理制度的变革，其目的在于因材施教，促进个性发展，培养具有创新精神和实践能力的高素质技能型专门人才。我国正式推行学分制的标志是1918年蔡元培在北京大学实行的"选课制"。1985年5月颁布的《中共中央关于教育体制改革的决定》中明确指出要减少必修课，增加选修课，实行学分制和双学位制。我国大部分高校都开设了一定数量的选修课，并且在整个课程体系中的比重也在逐年增加；大部分高校都推行了主辅修制。

4.3.2　学分制的分类

学分制通常可以分为学年学分制、完全学分制、绩点学分制、加权学分制、附加学分制，如表 4-2 所示。

表 4-2　学分制的分类

类别	内容
学年学分制	既有学年限制的特征，又有完全学分制的特征。它既保留了学年制计划性强、专业分类严密完整的特性，又具有学分制的某些长处，比如，在对课程的选修方面，给予学生在一定范围内的自由度等
完全学分制	完全学分制是一种把必须取得的毕业总学分作为毕业标准的一种教学管理制度，它要求按照培养目标和教学计划中各门课程及教学环节的学时量，确定每门课程的学分，设置必修课和选修课，规定各类课程的比例，以及准予学生毕业的最低总学分
绩点学分制	绩点学分制是在学分制基础上产生的一种能用以显示学生每门课程的学习成绩的质量，以及学年和毕业总成绩质量的教学管理制度，其计算公式为：学分绩点 = 学分 × 绩点
加权学分制	加权学分制也是在学分制的基础上产生的一种能用以显示学生对某些重点课程的学习质量，以区分学生专业水平高低的教学管理制度。实行加权学分，将教学计划中的学分，根据课程类别、修业成绩差异等分别确定不同的权重系数，计划学分乘以权重系数，得出加权学分，以区分学生学习成绩优劣，并作为选拔尖子生、评优、评奖的重要依据
附加学分制	附加学分制是在要求学生修满教学计划规定的最低学分外，还应修满课外附加学分才能毕业的一种教学管理制度。一般说来，课外附加学分可根据学生参加学科竞赛与学术活动、思想品德与社会工作、文体活动与公益活动的情况来评定

学分制允许学生通过完成课程和活动来获得学分。这些学分可以累计并用于满足毕业要求。目前我国的学分制多被用作本科层次的教育管理方式；在研究生教育领域，学分制度也被广泛应用。硕士学位通常需要学生完成一定的课程和其他学术要求，以获取规定的学分总数。学分制度也被用于提供继续教育和职业培训的机会。成人学习者可以根据自己的需求和兴趣选择课程，并通过学分获取证书或学位。还有些学生可能因为转学到另一所学校而需要转换学科或学位。在这种情况下，学分制度可以帮助学生将之前获得的学分转移到新的学位计划中。随着互联网的发展，学分制度越来越多地应用于在线教育环境中。学生可以通过网络平台修读课程并获得学分。在某些高等教育机构中，学生可以选择攻读两个不同的学位（双学位）或多修一个专业（辅修专业），这通常涉及在不同学科之间转移学分。此外，学分制度还支持国际学生之间的留学交换项目。学生可以在另一个国家的高校修读课程，并将这些成绩带回本国，用于学分转换或达到毕业要求。

目前在我国，不同的高校根据自身的实际情况和教育目标，采用了多种类型的学分制。以下是一些常见的学分制度。

（1）学年制

这是最传统的学制形式，学生按照规定的课程进度和时间表完成学业。在这种模式下，学生在一定时间内修完一定的学分才能毕业。

（2）模块化学分制

这种模式将课程分为一些独立的模块，每个模块都有特定的学习目标和对应的学分。学生可以根据自己的兴趣和专业需求选择不同模块的课程，累计达到符合要求的学分总数。

（3）双证书制

这是一种结合学历教育和职业资格教育的培养方式，旨在为学生提供学历证书和相应的职业技能资格证书。

（4）学分银行制

这种模式允许学生在不同的学校或教育阶段之间转换和积累学分，使得学生可以在更广泛的学术领域内进行学习和研究。

（5）弹性学制

这种模式提供了更加灵活的学习时间安排，允许学生根据自己的进度调整学习计划，从而适应不同学生的个性化需求和学习速度。

（6）混合式学分制

这种模式结合了线上和线下的教学方式，利用现代化信息技术手段，如网络课程、远程教学等，为学生提供更多的学习资源和途径。

以上各种学分制度并不是互斥的，许多高校会根据自身的特点和需要采用其中的一种或几种相结合的方式。例如，某些高校可能会在学年制的框架下实施模块化学分制，同时设立学分银行以便学生转换和积累学分。因此，具体的学分制度需要根据各高校的具体情况来确定。

4.3.3　学分制的特点

（1）按学科专业类别制订教学计划

实施按学科专业大类组织基础教学，按学生与社会的实际需求进行专业培养，使毕业生有很好的学科发展基础、较宽的知识面和适应未来岗位变动的能力。

（2）扩大了学生学习的自主权

学分制赋予了学生自由选择权。学生依照学校学分制指导性教学计划，在导师指导下具有自主选择教师、选择课程、选择学习时间的自由，无年级限制，学生还可跨专业选修其他课程，如修读辅修专业、第二专业、第二学位等，实现多层面的自我设计。这样，传统的以教师"施教"为主变为以学生"求学"为主，学生培养模式也由整齐划一、千人一面向个性化、多样化、复合型方向发展。

（3）实行弹性学习年限

学分制充分考虑到个人内在因素及个人需求方面确实存在的差异，允许学生灵活自主地安排学习进程，以规定的学制为基础，上下浮动数年（如三年制，有的高校是二至五年，有的高校是三至五年，这由各高校的办学理念、办学条件加以确定），修满必要的最低学分就可以完成学业并取得相应的毕业证书和学位证书。学生可以根据自己的情况选择学习内容和进度，以获得较好的学习效果，而且可以提前或推迟毕业时间，如有必要，也可以暂时中断学业，分阶段积累学分，直到毕业。

（4）注重目标管理

学分制侧重于目标管理。考试合格便可取得相应的学分，总学分修满则可以毕业。其教学效果通过学分点的高低来衡量。这样学生在学习过程中可以拥有更大的自主空间，根据自身水平，合理选择免修课程，提高单位时间利用率。而在考试中未合格的学生可参加重修，不需要为一次考试失利而耿耿于怀。另一方面，学分制虽然给学生更大的自主空间，但宽松的学习过程对学生的自觉性与能动性提出了更高的要求。如果在学习上还习惯于依赖教师，不发挥主观能动性，选课上可能趋易避难，一味地"凑学分"，这样势必会降低学习质量，影响培养目标的实现。

（5）个性化培养

学生根据自己的爱好和修养进行个性化培养。大学生对个性发展的要求最为强烈。将各具特色的个体禁锢于一个统一的模式下培养，已不能适应社会发展的需要。因此，学分制大胆摒弃传统的教学模式，打破专业和年级的界限，淡化班级概念，按所修课程组成教学班，提供多样化的学习计划，充分发掘学生潜能，学生依据自己的兴趣、特长、能力跨专业、年级选课，为学生综合素质的提高和复合型人才的培养创造了条件。

4.3.4 学籍管理

学籍是指学校正式录取的学生办理注册手续后取得的学生身份，是一个人属于某学校的一种法律上的身份或资格。学籍管理是根据有关规定对学生的入学资格、在校学习情况及毕业情况进行考核、记载和处理的活动，是学校教务管理的重要组成部分。

学籍管理制度规定了学生从入学到毕业整个培养过程的学业管理，涉及学生的入学与注册、考核与成绩记载、课程补考与清考、转专业与转学、休学与复学、退学、毕业、结业或肄业等各个方面。

（1）入学与注册

入学与注册规定了学生应当按学校规定办理入学与注册手续，因故不能按期报到注册的，视情况有不同的规定。《普通高等学校学生管理规定》规定：每学期开学时，学生应当按学校规定办理注册手续。不能如期注册的，应当履行暂缓注册手续。未按学校规定缴纳学费或者有其他不符合注册条件的，不予注册。家庭经济困难的学生可以申请助学贷款或者其他形式资助，办理有关手续后注册。

（2）考核与成绩记载

《普通高等学校学生管理规定》考核与成绩记载部分规定了学生应当参加人才培养方案规定的课程和各种教育教学环节［包括入学教育、军事训练、实践教学、社会实践、毕业设计（论文）等，以下统称课程的考核］，考核成绩以及所得学分载入学生的学习成绩总表，学生的学习成绩总表归入本人学籍档案；规定了课程考核的种类；课程成绩的评定；课程学分的计算及取得，旷考、课程考核不合格的处理办法；规定了学生严重违反考核纪律或者作弊的课程考核成绩的处理办法；规定了跨专业选修、缓考、免修的处理办法。

（3）课程补考与清考

课程补考与清考部分规定了考核不合格的课程补考的处理办法，规定了补考不合格的课程清考的处理办法，规定课程的补考、清考不得办理缓考，规定任选课考核不合格不准补考及清考。

（4）转专业与转学

转专业和转学部分规定了经国家招生统一考试、按志愿录取的学生，一般应在录取的系和专业完成学业。根据社会对人才需求情况的发展变化，经学生同意，必要时学校可以适当调整部分学生的系（专业）。学生也可以按学校的规定申请转专业。

（5）休学与复学

休学与复学部分规定了学生休学的情况、休学的期限及办理程序。规定凡应休学的学生，由学生本人提出休学申请或由所在系向学生提出强制休学建议，由所在系主任签署意见（因病休学应持指定医院诊断意见），教务处审核，报主管院长批准。

（6）退学

退学部分规定了学生退学的情形及学生退学善后问题的处理办法。按规定应予以退学的学生，由教务处按退学条件审核，报院长会议研究决定。对退学的学生，由学院出具决定书送交本人，并报省教育厅备案。

（7）毕业

毕业部分规定了具有学籍的学生在学校规定年限内，修完教育教学计划规定内容，德、智、体、美等达到毕业要求，取得相应学分，经毕业鉴定合格的，准予毕业，由学校发给毕业证书。

除上述内容以外，学籍管理制度还包含缴纳学费、出国、结业与肄业、学历证书电子注册等方面的内容。值得注意的是，学生因故受到学籍处理，不是对学生的一种处分，而是对学生学习状态和学籍状态的一种判定。

4.3.5　平均学分绩点

平均学分绩点（grade point average，即 GPA）是以学分与绩点作为衡量学生学习的量与质的计算指标，以取得一定的学分和平均学分绩点作为毕业和获得学位的标准。平均学分绩点有利于实施多样的教育模式和较灵活的教学管理制度。平均学分绩点可以作为学生学习能力与质量的综合评价指标之一。

【阅读材料】

某高校的学分绩点换算方法

为了充分反映学生掌握课程知识的程度和能力，并能够反映学生在校学习的质和量，对学生学习成绩采用学分绩点计算办法。具体如下：凡课程的考核成绩采用百分制或五级制（优秀、良好、中等、及格、不及格）记载，再用"平均学分绩点"与"学分绩点和"来综合评价学生的学习质量。课程成绩为五级制的，转换为百分制成绩后再计算（优秀：95 分；良好：85 分；中等：75 分；及格：65 分；不及格：55 分）。

学生课程学习的质量用课程学分绩点表示。每门课程的课程学分绩点等于该课程的学分乘以该课程的课程绩点；平均学分绩点（GPA）等于学生所获得的课程学分绩点之和除以这些课程学分数之和。

课程学分绩点 = 课程学分 × 课程绩点

课程平均绩点 = ∑课程学分绩点 / ∑课程门数

学分绩点和 = ∑（课程学分 × 课程绩点）

平均学分绩点 = ∑（课程学分 × 课程绩点）/ ∑学分

以"平均学分绩点"和"学分绩点和"两项作为衡量该生学习质量的重要指标。

4.4 课程考核

4.4.1 课程类型与考核

课程通常可以分为公共必修课、公共选修课、专业必修课、专业选修课和专业实践课等（表4-3）。

表4-3 课程的分类

分类		课程性质	选择自由度
必修课	公共必修课 专业必修课	学生必须掌握的基本理论、基本知识和基本技能的课程和环节，为本专业的学习奠定基础	教学计划中规定的必学的课程
选修课	公共选修课 专业选修课	与专业发展密切相关，体现专业特色与个性发展，教学计划内推荐的加强基础、丰富知识、拓展技能和培养个性的课程	必须在计划内选修规定数量的课程

（1）公共必修课

公共必修课是指大学所有专业的学生都需要修读的一些基础课程。比如：思想道德与法治、马克思主义基本原理、毛泽东思想和中国特色社会主义理论体系概论、体育等，是大学生必须完成的规定课程。

（2）公共选修课

公共选修课是面向大学所有专业的学生开设的，由学生自行选择感兴趣的课程，没有专业限制。比如软件工程专业也可以选修《影视赏析》课，土木工程专业也可以选修《古典名著赏析》课。公共选修课由学校具体安排，通常在上一个学期末就要开始选择下一个学期的选修课。

（3）专业必修课

专业必修课是本专业的同学必须完成的课程，是本专业的核心内容课程。比如教育类专业要学《教育学概论》《心理学概论》《教育心理学》等专业课程，计算机类专业要学《计算机软硬件技术基础》《Linux操作系统》《数据结构与C语言程序设计》等专业课程。要重视专业课，专业水平过硬才能在以后找工作方面有优势；考研也是要考专业课的，考研复试更是注重专业水平。

（4）专业选修课

专业选修课是面向本专业的学生开放的，选修的学生都是本专业的，课程和本专业相关。比如英语专业的专业选修课可能会有《英美文学史》《翻译理论与实践》等，电子商务专业的专业选修课可能有《管理学原理》《数据库原理及应用》等。学生可按照自己的兴趣爱好来选择，修满学校规定的学分才能毕业。

（5）应对课程考试的策略

① 制订学习计划。在期末考试前，需要制订一个高效的学习计划。这个计划应该包括每天需要学习的科目和内容、时间安排等。通过制订学习计划，可以更好地管理时间，避免因为没有合理的规划而浪费时间。

② 做好笔记。在平时上课和复习中，要注意做好笔记，记录老师讲解的重点、难点、例

题等。做好笔记不仅可以帮助记忆，还可以方便后期复习和查漏补缺。

③ 利用网络资源。互联网上有很多学习资源和工具，可以帮助大学生高效准备期末考试。例如，可以利用在线教育平台学习视频课程，或者使用专业的学习工具。此外，学生也可以加入学习交流群组，与同学一起分享学习心得和经验。

④ 自我模拟考试。在期末考试前，进行模拟考试可以帮助大学生熟悉考试环境和形式，检验自己的学习效果。可以使用往年的考试题目或者在线模拟考试平台，以更真实的方式模拟期末考试。

⑤ 合理安排复习时间。在考前一段时间，要合理安排复习时间，避免出现临时抱佛脚的情况。应该重点关注自己薄弱和不熟悉的知识点，加强练习和巩固，保持良好的学习状态。

4.4.2　全国大学英语四、六级等专项考试

全国大学英语四、六级等专项考试的报名时间、考试时间和要求见表 4-4，

表 4-4　专项考试类别

名称	报名时间	考试时间	要求
全国大学英语四、六级考试	3 月、9 月	笔试：6 月、12 月 口试：5 月、11 月	在校大学生
全国计算机等级考试	由各省级承办机构规定	3 月、9 月	不限
全国硕士研究生招生考试	9～12 月	初试：12 月 复试：次年 2～3 月	本科毕业 / 专科毕业 +2 年工作经验

4.4.2.1　全国大学英语四、六级考试介绍

全国大学英语四、六级考试（College English Test Band 4 and Band 6，简称 CET4 和 CET6）是由教育部主办的全国统一英语考试，旨在考核大学生的英语能力。

CET 考试内容包括考核听力理解、阅读理解、写作和翻译能力的笔试，以及考核考生口语能力的口试，即 CET-SET。全国大学英语四、六级总分均为 710 分，及格分数线均为 425 分。英语四、六级听力理解占整套试卷的 35%，共 248.5 分；阅读理解占整套试卷的 35%，共 248.5 分；翻译占整套试卷的 15%，共 106.5 分；写作占整套试卷的 15%，共 106.5 分。通常考试成绩达到 425 分及以上即认定为通过。

4.4.2.2　全国大学英语四、六级备考策略

（1）听力技巧

预测题型：根据过去的考试经验，可以预测常考的题型，如对话理解、短文听写等。在备考过程中，重点关注这些题型，进行有针对性的练习。

练听力材料：多听一些英语新闻、电影、纪录片等，提升自己的听力水平。可以选择一些有中英文字幕的材料，先听后读，逐渐提高听力理解能力。

注意听力技巧：在考试过程中，要注意听清问题的要求，理解说话人的意思，并抓住关键信息。同时，可以利用笔记或缩写的方式记录关键词，以便后续答题时参考。

（2）阅读技巧

阅读技巧：在备考阅读部分时，可以采用"先问题后篇章"的技巧，即先通读问题，了解要求，然后再有针对性地阅读相关篇章，找出答案。

提高词汇量：英语四、六级考试中，词汇量的积累非常重要。平时可以多背单词，扩大词汇量，并结合阅读练习，提高对词汇的理解和运用能力。

预测文章结构：阅读文章时，尝试预测文章的结构，包括段落关系、主题句等。这样可以更好地理解文章的逻辑，在答题时能够更快地找到相关信息。

（3）写作技巧

练写作：在备考写作部分时，要多进行写作练习。可以选择一些常见的写作题目进行模拟写作，以提高写作表达能力。

注意文章结构：写作时，要注意文章的结构，包括引言、正文和结论。合理安排段落，确保观点清晰，逻辑通顺。

提高词汇水平：写作中，尽量应用一些高级词汇和短语，以提升语言表达的水平。同时，要注意语法和拼写的准确性。

（4）翻译技巧

提前积累词汇：翻译部分的备考中，积累词汇是必不可少的，事先准备一份常见词汇表，并进行词汇记忆和使用练习。

练习翻译句子：运用翻译工具，选择一些句子进行翻译练习。可以从简单的句子开始，逐渐提高难度，培养翻译能力。

阅读翻译资料：在备考过程中，可以多阅读一些翻译资料，了解一些翻译技巧和常见的翻译问题。同时，注重词语和句子的转换方式，提升翻译准确性。

4.4.2.3　全国计算机等级考试基本介绍

全国计算机等级考试（NCRE）旨在对考生的计算机基础知识和应用能力进行测试，包括计算机基础、办公自动化、多媒体应用、网络应用等方面的知识和技能。操作题即对 Word、Excel 和 PowerPoint 三大办公软件使用的考查，操作题在整个考核中分值是 80 分，其中 Word、Excel 各 30 分，PowerPoint 占 20 分。操作部分主要的考查内容是对字体、版面的调整，表格函数的运用，以及幻灯片设计，可从历年考试大纲中查看考核重点。

NCRE 考试实行百分制计分，但以等第形式通知考生成绩。成绩等第分为"优秀""良好""及格""不及格"四等。90～100 分为"优秀"，80～89 分为"良好"，60～79 分为"及格"，0～59 分为"不及格"。考试成绩优秀者，在证书上注明"优秀"字样；考试成绩良好者，在证书上注明"良好"字样；考试成绩及格者，在证书上注明"合格"字样。

4.4.2.4　全国计算机等级考试备考策略

（1）报考建议

如果自己的大学专业课不涉及，或者后续没有从事软件开发相关工作的计划，不建议报考 C 语言、Access 数据库、Python 等科目。最简单且对就业最有用的就是办公软件 Office 高级应用与设计。其有两个科目，分别是 MS Office 高级应用与设计和 WPS Office 高级应用与设计。其中，MS Office 高级应用与设计是所有科目中每年报名人数最多的科目。

（2）MS Office 高级应用与设计、WPS Office 高级应用与设计考试题型选择题：20 分（含公共基础知识部分 10 分）；操作题：80 分（Word 操作 30 分、Excel 操作 30 分、PowerPoint 操作 20 分）。

（3）应考策略

了解考试内容和考试大纲。在备考之前，首先要了解考试内容和考试大纲。通过仔细阅读考试大纲，了解考试科目、考试形式和考试要求等，有针对性地进行备考。同时，还要了解各个科目的考试重点和难点，合理安排备考时间。

制订合理的备考计划。备考计划是备考的基础，需要考虑到每个科目的备考时间、复习内容和复习进度。根据自己的时间安排和学习能力，制订一个合理的备考计划，确保每个科目都得到充分的复习。

选择合适的复习资料和参考书籍。备考过程中，选择合适的复习资料和参考书籍非常重要。可以参考一些权威的教材和辅导书籍，同时也可以参考一些经验丰富的老师或考生的复习笔记和经验分享。在选择书籍时，要注意书籍的权威性和实用性。

注重理论与实践相结合。全国计算机等级考试不仅考查理论知识，还要求考生具备一定的实际操作能力。因此，备考过程中要注重理论与实践的结合。可以通过编写代码、实际操作等方式加深对理论知识的理解和掌握。

"刷题"提升解题能力。"刷题"是备考过程中必不可少的环节。通过"刷题"可以熟悉考试题型，提高解题能力和应试技巧。可以选择一些历年真题、模拟试题进行练习，同时也可以进行一些在线习题训练，提升解题速度和准确性。

做好笔记和总结。备考过程中，及时做好笔记和总结是非常重要的。可以将重点知识、难点、易错点等记录下来，方便以后复习和查阅。同时，还可以将经验和技巧进行总结，帮助自己更好地应对考试。

模拟考试，以提前适应考试环境。在备考进入冲刺阶段之前，可以进行一些模拟考试，提前适应考试环境。可以在规定时间内完成试卷，检验自己的复习效果和应试能力。同时，还可以通过模拟考试找出自己的不足之处，有针对性地进行强化复习。

调整心态，保持积极乐观。备考过程中，保持积极乐观的心态非常重要。要相信自己的能力，坚持不懈地进行备考。遇到困难和挫折时，要及时调整心态，寻找解决方法。在备考期间，保持良好的心态可以更好地发挥自己的潜力。

4.5 学业规划

4.5.1 学业规划的重要性

（1）明确目标

学业规划能够帮助学生确立自己的长期和短期目标，这有助于学生在学习过程中保持清晰的方向，避免迷茫和困惑。

（2）提高学习动力

通过规划，学生能够克服学习过程中的困难和挑战，建立对学习成果的信心，从而提高学习动力。

（3）优化学习效果

学业规划涉及制订具体可行的学习计划和方法，这有助于学生更高效地掌握知识和技能，提升学习效果。

（4）培养综合素质

除了关注学习成绩外，学业规划还鼓励学生全面发展，如培养领导力、沟通能力和团队合作能力等，这些都是未来职业生涯所需的重要素质。

（5）促进自我认知

通过规划，学生有机会深入了解自己的兴趣、优势和劣势，这对学生认识自身特质和潜力非常重要。

（6）职业规划

学业规划有助于学生了解自己的兴趣和优势，从而作出合适的职业选择，并为未来的就业和职业发展打下基础。

（7）提高学习效率

通过合理的时间管理和学习计划的制订，学生能够提高学习效率，减少无效的努力。

（8）发展兴趣爱好和个人特长

学业规划允许学生根据自己的兴趣选择课程和活动，这样不仅能学到理论知识，还能培养实践能力和创新思维。

（9）提升自我管理和自我拓展能力

通过自主规划和执行学业规划，学生可以培养自我管理能力、自我约束能力和自律能力，这对于终身学习和发展都是宝贵的。

综上，学业规划不仅是学生达成学术目标的关键工具，也是培养全面发展和终身学习能力的必要途径。

4.5.2　学业规划的方法

（1）自我认知

首先，你需要了解自己的兴趣爱好、长处和弱点。这有助于你选择真正感兴趣并擅长的工作领域，从而更容易保持学习的积极性并取得好成绩。

（2）目标设定

设定一个实际的、可行的长期或短期目标。这个目标应该是明确的，可以根据个人的兴趣爱好、天赋特长以及未来的职业规划来确定。

（3）时间管理

时间是有限的资源，因此合理的时间管理至关重要。你需要制订具体的计划，并学会利用时间来实现这些计划。时间的管理包括分配优先级、安排日程表等。

（4）主动学习

主动学习意味着要积极参与学习过程中，寻找各种学习机会，如阅读书籍、参加讲座和培训、丰富实践经验等，这些都是提升个人能力和综合素质的有效途径。

（5）寻求帮助

在学业规划和职业发展的过程中，向他人求助是非常重要的。从老师、家人到专业人士，都能提供宝贵意见和支持。

（6）学业规划分解

可以将学业总目标进一步分解为年度、学期、月度、周度和每日的学习目标，这样可以使学业规划更加具体和可行。

（7）兴趣拓展

除了学习专业知识之外，还应积极参加各类兴趣活动，拓宽知识面和视野，这对全面发展和个人幸福感的提升都有益。

综上，学业规划是涉及多个步骤的过程，需要对自己的兴趣、能力、目标和时间管理等方面有清晰的理解和规划。通过上述建议，可以有效地规划和实施自己的学业，并在学习和职业生涯中取得成功。图4-1 展示了一份简单的学业规划。

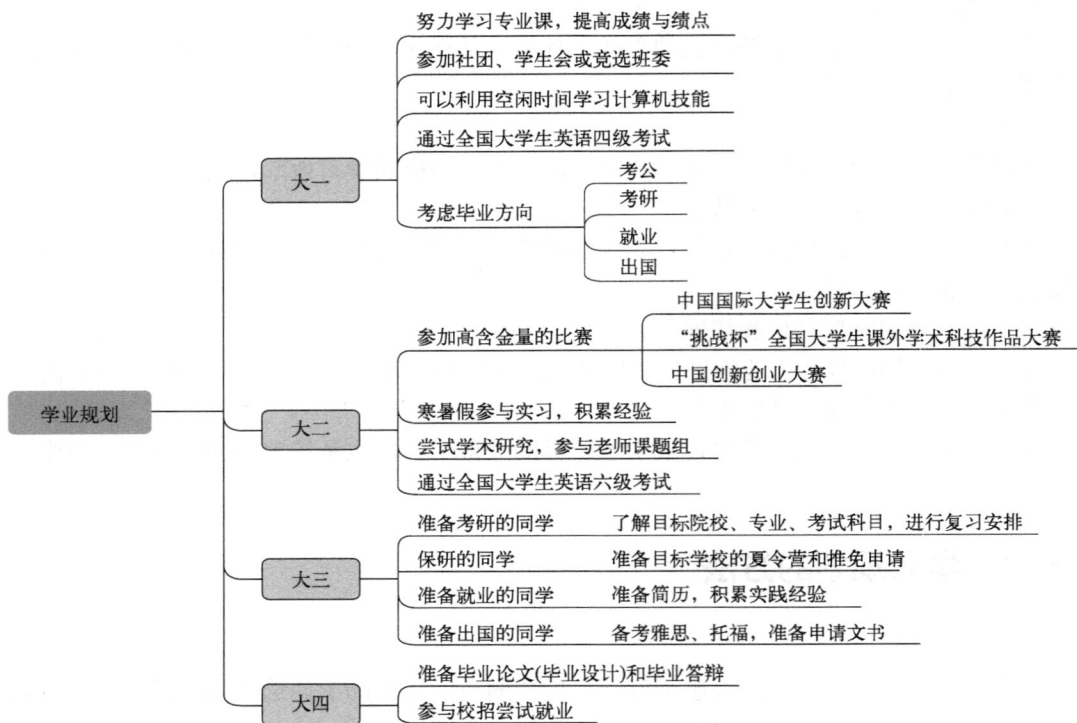

图 4-1　学业规划示意图

第五章　安全教育

5.1　总体国家安全观

5.1.1　总体国家安全观概述

（1）总体国家安全观的提出

2014 年 4 月 15 日，习近平总书记在中央国家安全委员会第一次会议的重要讲话中首次提出总体国家安全观，明确表示要准确把握国家安全形势变化新特点新趋势，坚持总体国家安全观，走出一条中国特色国家安全道路。2017 年 2 月 17 日，习近平总书记在主持召开国家安全工作座谈会中再次强调要准确把握国家安全形势，牢固树立和认真贯彻总体国家安全观，以人民安全为宗旨，走中国特色国家安全道路，努力开创国家安全工作新局面，为中华民族伟大复兴中国梦提供坚实安全保障。2022 年召开的党的二十大，再次重申了贯彻总体国家安全观的重要性。自此，总体国家安全观的重要地位显而易见，"总体国家安全观"伴随着时代发展和国际环境变化，其内涵和外延也在不断丰富，时空领域持续拓展，内外因素更加复杂。

（2）总体国家安全观的核心要义

总体国家安全观的核心要义是由"以人民安全为宗旨，以政治安全为根本，以经济安全为基础，以军事、科技、文化、社会安全为保障，以促进国际安全为依托"这五大要素和"既重视发展问题，又重视安全问题；既重视外部安全，又重视内部安全；既重视国土安全，又重视国民安全；既重视传统安全，又重视非传统安全；既重视自身安全，又重视共同安全"这五对关系共同组成。国家安全的内涵在不断延伸，随着社会发展不断动态调整，涉及的 20 个重点领域包括：政治安全、军事安全、国土安全、经济安全、金融安全、文化安全、社会安全、科技安全、粮食安全、生态安全、资源安全、核安全、海外利益安全、太空安全、深海安全、极地安全、生物安全、人工智能安全、网络安全、数据安全。

5.1.2　危害国家安全行为及相关法律法规

（1）《中华人民共和国国家安全法》

2015 年 7 月 1 日，第十二届全国人民代表大会常务委员会第十五次会议通过《中华人民共和国国家安全法》。其中明确阐述了国家安全是指国家政权、主权、统一和领土完整、人民福祉、经济社会可持续发展和国家其他重大利益相对处于没有危险和不受内外威胁的状态，以及保障持续安全状态的能力。并明确指出国家安全工作应当坚持总体国家安全观，以人民安全为宗旨，以政治安全为根本，以经济安全为基础，以军事、文化、社会安全为保障，以促进国际安全为依托，维护各领域国家安全，构建国家安全体系，走中国特色国家安全道路。在《中华人民共和国国家安全法》第六章中对公民、组织的义务和权利作出了相关规定。

【阅读材料】

节选自《中华人民共和国国家安全法》

第六章　公民、组织的义务和权利

第七十七条　公民和组织应当履行下列维护国家安全的义务：

（一）遵守宪法、法律法规关于国家安全的有关规定；

（二）及时报告危害国家安全活动的线索；

（三）如实提供所知悉的涉及危害国家安全活动的证据；

（四）为国家安全工作提供便利条件或者其他协助；

（五）向国家安全机关、公安机关和有关军事机关提供必要的支持和协助；

（六）保守所知悉的国家秘密；

（七）法律、行政法规规定的其他义务。

任何个人和组织不得有危害国家安全的行为，不得向危害国家安全的个人或者组织提供任何资助或者协助。

第七十八条　机关、人民团体、企业事业组织和其他社会组织应当对本单位的人员进行维护国家安全的教育，动员、组织本单位的人员防范、制止危害国家安全的行为。

第七十九条　企业事业组织根据国家安全工作的要求，应当配合有关部门采取相关安全措施。

第八十条　公民和组织支持、协助国家安全工作的行为受法律保护。

因支持、协助国家安全工作，本人或者其近亲属的人身安全面临危险的，可以向公安机关、国家安全机关请求予以保护。公安机关、国家安全机关应当会同有关部门依法采取保护措施。

第八十一条　公民和组织因支持、协助国家安全工作导致财产损失的，按照国家有关规定给予补偿；造成人身伤害或者死亡的，按照国家有关规定给予抚恤优待。

第八十二条　公民和组织对国家安全工作有向国家机关提出批评建议的权利，对国家机关及其工作人员在国家安全工作中的违法失职行为有提出申诉、控告和检举的权利。

第八十三条　在国家安全工作中，需要采取限制公民权利和自由的特别措施时，应当依法进行，并以维护国家安全的实际需要为限度。

（2）其他法律法规

除《中华人民共和国国家安全法》外，《中华人民共和国反间谍法》《中华人民共和国国家情报法》《中华人民共和国反恐怖主义法》《中华人民共和国网络安全法》等均涉及国家安全。

《中华人民共和国反间谍法》明确反间谍工作坚持党中央集中统一领导，坚持总体国家安全观，坚持公开工作与秘密工作相结合、专门工作与群众路线相结合，坚持积极防御、依法惩治、标本兼治，筑牢国家安全人民防线。该法对反间谍安全防范、调查处置、保障与监督以及法律责任等作出相关规定。

《中华人民共和国网络安全法》是为了保障网络安全，维护网络空间主权和国家安全、社会公共利益，保护公民、法人和其他组织的合法权益，促进经济社会信息化健康发展而制定。

5.1.3　新时代青年大学生如何维护国家安全

维护国家安全，就是为了维护广大人民根本利益；维护国家安全，也需要每个公民的力量。《新时代爱国主义教育实施纲要》明确指出，"加强国家安全教育和国防教育"。大学生作为中国特色社会主义的建设者与接班人，维护国家安全是责任与义务。

（1）国家层面

大学生加强国家安全意识对于维护国家安全至关重要。通过深入学习国家安全的多个领域和要素，青年大学生能够全面了解国家安全的重要性，并认识到自己作为国家未来建设者和发展参与者的责任与使命，有助于增强自身的国家意识和责任感。在日常生活中，可以积极参与国家安全工作，为国家安全事业贡献力量。在低年级阶段认真参加军训，了解并熟知军训理论知识；在大二、大三年级时期，学会将专业与实践结合，比如法学专业的学生认真学习相关法律法规并在实践中运用；在高年级阶段，将小我融入大我，立志为实现中华民族伟大复兴响应国家号召，如积极应征入伍、参加西部计划以及报考公务员等。

（2）社会层面

青年大学生作为社会主体之一，应该积极参与和支持国家安全教育和宣传活动。一方面，主动学习国家安全最新理论知识以及法律法规，了解国内外形势、国家面临的安全挑战和风险，关注国家安全政策和决策，增强对国家安全工作的理解和支持。另一方面，在了解各类安全威胁和风险的基础上，严格遵守《中华人民共和国网络安全法》，在网络平台上理性发表言论，共同营造良好的网络环境。此外，还应该关注国内外安全形势，如发现可疑情况，应及时向辅导员或其他负责老师报告。

（3）个人层面

将国家安全内化于心、外化于行，既掌握国家安全方面的相关知识，又具备应对危害国家安全事件的能力，是大学生全面发展的内在需求。首先，增强国家意识和国家认同感。积极学习国家历史、文化和发展道路，提高对国家的认同感，增强国家意识和爱国热情。其次，学习相关法律法规，保护个人信息安全，不参与传播虚假信息和其他有害行为，同时积极参与社会公益活动。再次，提高安全意识和自我保护能力，学习和掌握基本的安全知识，如防范恐怖袭击，注意网络安全、个人信息保护等，增强自我保护能力，确保个人和家庭的安全。最后，青年大学生应当努力学习专业知识，提高自身素质和能力，为国家的发展和安全作出积极贡献。根据自身专业特长和兴趣，积极参与国家安全相关的研究、创新和实践活动，为国家安全事业贡献智慧和力量。

5.2 国防教育与军训

5.2.1 大学生国防教育

5.2.1.1 国防教育的理解

（1）国防的基础知识

《中华人民共和国国防法》将国防的概念界定为：国家为防备和抵抗侵略，制止武装颠覆和分裂，保卫国家主权、统一、领土完整、安全和发展利益所进行的军事活动，以及与军事有关的政治、经济、外交、科技、教育等方面的活动。

国防的主体是国家。国防是国家的防务，是国家大局所系，根本利益所在，不仅仅是军队的事。一切国家机关和武装力量、各政党和各人民团体、企事业组织、社会组织和其他组织，都应当按照法律、法规的要求，履行自己的国防职责；每个公民都应当履行国防义务；国防行为也是国家行为，应当受到法律的特殊保护。国防的对象是外敌侵略和武装颠覆。国防的手段是为完成国防任务、实现国防目的而"进行的军事活动，以及与军事有关的政治、经济、科技、教育等方面的活动"。我国的国防具有整体性和全民性，这是我国国防建设和国防斗争的优良传统。

（2）高校国防教育的概念

最早使用"国防教育"一词的是孙中山先生，他于1921年在《建国方略》续编中首次提出了这一概念。按照《中华人民共和国国防教育法》的定义，国防教育是建设和巩固国防的基础，是增强民族凝聚力、提高全民素质的重要途径。学校国防教育的基础是实施素质教育的重要内容。而高校国防教育是学校国防教育的一种形式，即高校国防教育是国防教育的基本形式。二者的区别在于，国防教育的对象是全体公民，高校国防教育的对象是高校师生。一般来说，高校国防教育是指高校面向全体师生开展的国防教育活动。

5.2.1.2 高校国防教育的内容

根据《普通高等学校军事课教学大纲》，军事课是普通高等学校学生的必修课程。军事课要以习近平强军思想和习近平总书记关于教育的重要论述为遵循，全面贯彻党的教育方针、新时代军事战略方针和总体国家安全观，围绕立德树人根本任务和强军目标根本要求，着眼培育和践行社会主义核心价值观，以提升学生国防意识和军事素养为重点，为实施军民融合发展战略和建设国防后备力量服务。普通高等学校通过军事课教学，让学生了解掌握军事基础知识和基本军事技能，增强国防观念、国家安全意识和忧患危机意识，弘扬爱国主义精神、传承红色基因、提高学生综合国防素质。军事课纳入普通高等学校人才培养体系，列入学校人才培养方案和教学计划，实行学分制管理，课程考核成绩记入学籍档案。军事课由《军事理论》《军事技能》两部分组成。《军事理论》教学时数为36学时，记2学分；《军事技能》训练时间为2～3周，实际训练时间不得少于14天112学时，记2学分。

根据广义的高校国防教育概念，高校国防教育通常还包括以下几个方面。

（1）思想教育

通过开设相关课程、讲座和研讨会等形式，引导学生了解国家安全形势、国防政策和军事科技发展，增强学生对国家安全的认识和理解。同时，还可以通过讲述国防英雄事迹和军人奉献精神，激发学生的爱国情感和责任意识。

（2）实践教育

组织参观国防教育基地等活动，让学生亲身感受国防建设的成就和任务。此外，开展军事训练和军事技能比赛，提高学生的体能素质和实际操作能力，培养其应对突发情况的能力。

（3）校园宣传

在校园建立国防教育宣传中心或者国防教育社团，开展主题讲座、座谈会、征文比赛等活动，鼓励学生积极参与。同时，加强与军队的联系，开展军地联合演练和交流活动，搭建起军地合作的桥梁，促进国防教育的深入开展。

（4）网络安全引导

加强安全知识培训，教育青年学生如何保护个人信息、防范网络诈骗和网络攻击。帮助学生认识网络安全问题对国家安全的重要性，并培养正确使用互联网的习惯和技能。

5.2.2 大学生军事训练

大学生军训是学生履行兵役义务、接受国防教育的基本形式，其训练内容也是国防教育的基本内容。大学生军事训练是指普通高等学校组织的学生军事技能训练和军事理论课教学，以及与学生军事训练有关的其他活动。军训，在我国是根据《中华人民共和国国防法》《中华人民共和国教育法》《中华人民共和国兵役法》《中华人民共和国国防教育法》《中共中央关于教育体制改革的决定》的要求进行的，是学生接受国防教育的基本形式，是培养"四有"人才的一项重要措施，是培养和储备我军后备兵员及预备役军官、壮大国防力量的有效手段。

2001年，国务院办公厅、中央军委办公厅转发教育部、总参谋部、总政治部《关于在普通高等学校和高级中学开展学生军事训练工作的意见》，持续依托国防后备力量建设的基本需求以及人才培养的基本目标，实施了对学生军训的统筹设置和安排。目前已基本落实了所有的高级中学和高等院校实施学生训练的基本目标。军训的内容主要把讲解和示范结合起来对学生进行教学和练习。并强调在日常的训练生活中要养成良好的作风。

【阅读材料】

军训安全注意事项

1. 新生要严格遵守军训纪律，听从教官指挥，不擅自离开队列。

2. 军训期间要注意饮食卫生，不要食用过期、变质的食品。不要暴饮暴食，尤其是晚上不要吃得过饱，以防发生胃痉挛。

3. 军训期间要注意休息，不能疲劳作战，防止运动损伤。

4. 注意个人卫生，勤换衣、勤洗澡。

5. 注意天气变化，防止感冒、腹泻等疾病发生。

6. 注意防晒、防中暑。最好每天涂抹防晒霜，或在皮肤上涂防紫外线的防晒油（油可预防晒伤）。

7. 军训期间要坚持锻炼身体，避免出现"小病大养"的现象。

8. 军训期间若有身体不适等特殊情况，请及时报告教官、班主任或辅导员。

5.3 人身安全与财产安全

5.3.1 人身安全

5.3.1.1 大学生人身安全的概念

习近平总书记明确指出："青年一代有理想、有担当，国家就有前途，民族就有希望，实现我们的发展目标就有源源不断的强大力量"。大学生作为受高等教育的青年人，更是青年中的中坚力量。加强和保护大学生的人身安全，是教育工作者和全社会的重要任务之一。安全是大学生赖以生存与活动的首要条件。随着国家现代化的进一步推进，危及大学生人身安全的因素不断增多，并不断出现新的影响大学生人身安全的因素。所谓大学生人身安全，是指大学生在校学习期间，高校采取积极措施保障大学生的生命、健康、行动不受威胁，没有危险，营造出一个良好的学习环境的管理过程。

5.3.1.2 影响大学生人身安全原因分析

高校在保障人身安全方面总体状况较好，校园秩序相对稳定，基本上满足了学生学习和生活的要求。影响大学生人身安全的原因，主要有以下几点。

（1）主观原因

当代大学生刚成年，其生理发育基本成熟，但心理成长相对滞后，个性可塑性很大，知识面较窄，社会经验不足，缺乏安全知识和防范意识。而进入大学后，大学与高中环境差别较大，较多学生第一次住校不适应学校生活，同时，教学方式也与高中不同，需要大学生更多的独立学习。此外，学生也面临更多来自社会、交际、成长的压力，在压力交互时，容易产生心理疾病，进而引发自杀、犯罪等行为，危害到学生的人身安全。

（2）客观原因

大学生成长受到社会的影响，其均不同程度地存在着影响大学生安全的隐患。首先，大学生受到良好教育的同时，为人真诚，易于相信他人，这也使得社会上一些不法分子的不法行为影响到了大学生，给大学生的安全带来隐患。其次，家庭环境影响学生的性格、品质，进而影响学生健康人格的养成。最后，是学校环境的影响。现代大学多是开放式的，周边居民或社会人士均能进入校园。此外，校园周边存在大量流动人员，周边环境较为复杂，均是大学生人身安全隐患所在。

5.3.1.3 常见的高校校园学生人身安全事故的类型

当下高校校园内学生所共有的特征：思想活跃、积极、进取，但理想信念界定不清晰；价值观念多元化、务实、自我意识明显；个性独立、乐观、张扬，但容易以自我为中心；道德选择困惑，知行缺乏统一性；以网络为重要的生活工具，但媒介素养欠缺。校园内学习生活与现代化、信息化、数字化结合的程度非常高，学生获取信息的手段更为开放和快捷，这也就难免会让社会上的不良因素趁机混入校园，蒙蔽学生正确区分对与错的能力，腐蚀学生的思想健康。

常见的高校校园学术人身安全事故的类型有：暴力因素（如生活习惯差异、价值观的不同等）导致学生人身安全事故、客观因素（如自然因素、设备设置等）导致的人身安全事故、心理因素（社会压力、自我调节能力等）导致的人身安全事故。

5.3.1.4　人身安全防范措施

（1）建立完善的预警及处理机制

首先，学校层面出台专门的人身安全防范预警及处理机制，并将其纳入入学教育环节中，让学生了解人身安全隐患所在以及遇到突发事件时的处理办法。其次，辅导员老师要加强人身安全教育工作，在重要时间节点开展主题班会，加强学生对人身安全的认识。最后，学生本人应当学会相关防范措施。比如与同学之间发生分歧要冷静，应寻求老师在校辅导员或班主任的帮助，以免造成严重后果。遇到校园暴力事件，应及时向辅导员或班干部反映，寻求解决问题的方法。

（2）积极参与社会实践活动

当前存在的部分人身安全事故的原因在于学生心理成长相对滞后，在面临人际关系处理、学业压力释放等方面不能较好地应对。因此，作为新时代大学生应当积极参与社会实践活动，在社会实践中广结志同道合的朋友、践行学习理论以及提升自己的综合能力，使得个人素质进一步提升，能较好地处理各类问题。

5.3.2　财产安全

5.3.2.1　高校财产安全概念

财产，是指拥有的金钱、物资、房屋、土地等物质财富。高校财产安全教育指的是为防止高校师生的财产在学习、生活中遭受损害、被盗、被骗、丢失等危险而进行的教育，促进高校师生树立正确的财产安全知识，增强财产安全防范意识，依法保护自己、他人和国家的财产安全等，形成良好财产观念和方法。财产安全教育包括防火、防盗、防骗、防赌博、防传销及避免非法校园贷等安全教育。

5.3.2.2　高校财产安全事故类型

从财产安全教育实践角度出发，主要包含防火安全、防盗安全、防骗安全、防赌博安全、防范电信诈骗安全和反传销安全等内容，根据章节安排，为避免重复，在此仅对防盗安全以及防范电信诈骗安全做简要介绍。

（1）防盗安全

当前高校大学生主要活动场所为宿舍、教室、食堂、图书馆及运动场所等。大学生整体真诚善良、易于相信他人，喜欢将随身物品随意放置，比如将笔记本电脑、平板等直接放置在图书馆或者教室，或是无保护措施的情况下直接放置于宿舍。而大部分学校宿舍门并非防盗门，极其容易被不法分子进入，从而成为被盗窃的场所。

（2）防电信诈骗安全

随着互联网的进一步发展，近年来电信网络诈骗屡禁不止，不少大学生深受其害，损失较大。目前虽然电信网络诈骗犯罪持续上升的势头得到了有效遏制，但是电信网络诈骗类型层出不穷，诈骗手法不断翻新，一些新出现的诈骗手法和话术迷惑性强，大学生很容易上当受骗。在这种情况下，高校大学生应当提高财产安全防范意识，学习防范手段，避免财产损失。

【心中有数】

学生被骗警示案例

一、刷单返利类

2023 年 7 月 16 日，某高校学生吴某某玩手机时看到某 APP 上有兼职可以得到高额佣金的广告，便下载安装了某 APP，并根据客服指示，通过做简单任务，用手机银行分别向对方提供的银行卡号转账 5000 元、1745 元。对方称转账流程错误需要消除才能收到本金和佣金，吴某某便再次通过手机银行陆续向对方提供的银行卡号转账 108000 元，直至对方告知账户被冻结，吴某某告诉对方自己已没钱。7 月 19 日，吴某某凑到钱后再次联系对方，通过银行卡向对方银行卡账户转账 50000 元，并点击对方发来的微信链接支付了 13499 元，在添加对方微信向对方转账 2180 元后，吴某某才发现被骗。本案中，吴某某共计被骗 180424 元。

二、冒充电商物流客服类

2023 年 6 月 30 日，学生王某某在某 APP 上购买网课后发现网课视频不能观看，于是在某 APP 上进行投诉。6 月 30 日下午，王某某接到一个陌生电话自称是客服并询问其投诉内容，称可以退其 1992 元，于是王某某便按照对方提供的链接下载了会议软件，并按照对方提供的会议号进入网页，在网页里面填写了个人信息、银行卡号和密码。之后对方称需要缴纳保证金才能进行退款，于是王某某按照对方提供的银行账户转账 47000 元，后对方让其继续转账，王某某这才意识到不对，随即报警。

三、虚假购物、服务类

2023 年 7 月 2 日，学生张某某在一个第三方网络平台上交易某游戏账号，被对方以操作错误导致账单被冻结，需要转账解除冻结为由，骗取张某某向对方账号转账。后张某某发现被骗，遂报警。本案中，张某某共计被骗 33680.4 元人民币。

5.3.2.3　高校财产安全事故发生原因

（1）高校学生财产安全防范意识不足

当前，很多大学生缺乏防盗窃、防抢劫、防诈骗等财产安全方面的观念，财产安全防范意识欠缺，财产安全防范能力更是不足。进入高校后，缺乏社会经验的大学生在接触社会的过程中，容易轻信他人，容易被诱惑，风险防范意识不强，再加上自我保护的法律意识淡薄，从而容易陷入电信网络诈骗等各种骗局。甚至当个人财产安全受到侵害的时候，一些大学生对社会缺乏足够的认知，不知道怎样运用法律武器保护自己，或因为金额不大而不了了之，而这在一定程度上纵容了侵害财产安全的行为。

（2）案件本身的客观原因

在校大学生虽然还没有进入社会，生活压力小，有一定的消费水平，但防范意识不强，一些保管不当的财物有可能被盗。通常此类案件较难侦办，主要原因如下：首先，一般实施盗窃行为的人员，对周围环境较为熟悉，能够很好地规避风险，比如会在一些没有摄像头或者隐蔽的地方作案；其次，涉案财产金额不高，一般来说达不到刑事犯罪的立案标准，即使找到了嫌疑人，碍于学校内的特殊环境，通常只是在学校范围内进行处理。因此，侵犯财产类案件在高校安全问题中虽然影响不大，但却非常顽固，不易处理。

5.3.2.4　高校财产安全防范措施

（1）加强宣传教育，提高防范意识

一般来说，盗窃主要注重人防，其最重要的是防盗意识的树立和增强，而这在很大程度上取决于宣传教育工作的程度和广泛性。因此，学校层面要采取多种宣传方式，大力宣传保护财产安全工作的重要性和必要性，比如印制宣传手册、推送防电信网络诈骗预警信息、开展防电信网络诈骗安全主题班会等活动，努力提高学生的安全意识，在思想上筑起牢固的安全防线。作为学生本人，应当主动学习相关内容，注重贵重物品的保管以及加强宿舍管理，从源头上消除财产安全隐患。

（2）设置切实可行的财产安全教育课程

高校应让大学生对其个人财产有一个正确合理的认知，进而意识到一粥一饭来之不易，从而从内心深处树立珍惜个人财产的价值观念。此外，在加强高校大学生财产安全教育中，教师结合当前大学生的学情现状和兴趣爱好，多采用现实生活中的真实案例作为教学示例，这些案例能够极大地吸引大学生的注意力，同时也让高校的大学生在具体的案例中总结有关个人财产安全保护方面的知识，在课堂教学活动中与他人进行积极交流，从而最大限度地提高当前大学生对校园内所出现的财产安全事故的解决能力，让大学生在这些案例中学会如何应对突发事故，提高处理问题的能力，最终促进大学生对个人财产安全的保护与防范意识的自发生成。

（3）利用关键时期普及财产安全教育

结合大一新生刚入学时期、寒暑假前后、各类假期期间，以及毕业生即将求职和应聘时期，无论是校内还是校外，这些时段都是高校大学生真正开始与社会接触的关键节点。高校可以借助这些时段，对大学生进行必要的个人财产安全教育活动。在这些关键时期务必提醒学生提高安全意识，注意个人财产的携带和存放等问题。同时，借助相关真实案例向学生讲解最新的网络诈骗手段，让大学生时刻保持清醒和理智的头脑，理性消费，合法且科学地管理个人财产，谨防网络、电话诈骗等不法行为，这能使学生在短时期内提高自身防范意识，最终有效确保高校大学生的财产安全。

5.4　寝室生活安全与出行安全

5.4.1　寝室生活安全

5.4.1.1　宿舍防盗

（1）宿舍被盗原因

① 环境易于被盗

首先，大学生通常拥有不少贵重物品，例如电子设备、数码产品、珠宝和现金等，这使得宿舍成为潜在的盗窃目标。其次，宿舍区域的安保措施可能不完善，如缺乏安全设施（门禁系统、监控设备等）或安保巡逻等措施，这也为盗窃者提供了机会。最后，学校周边区域环境复杂，进出人员繁杂，宿舍的安全风险增加。

② 缺乏安全防范意识

大学生在学校期间精力主要集中在学习和社交上，对于宿舍的安全防范意识较低，往往容易忽视锁门、关窗以及宿舍内外的安全情况，给盗窃者提供了便利。

（2）常见盗窃方式

① 伪装闯入：盗贼可能会装扮成其他宿舍的学生、校园工作人员或者外来访客，或以各种借口进入宿舍，如修理工、快递员、校园志愿者等。

② 钥匙开锁：一些宿舍的锁具可能简单易开，盗窃者可能使用钥匙复制技术或者非法获得钥匙打开锁具。

③ 技术开锁：一些盗窃者擅长使用专业工具（如撬棒、开锁工具等）破解宿舍的锁具。

④ 窗户爬入：盗窃者可能通过攀爬外墙、阳台等方式进入宿舍，特别是位于低层或没有安装窗户防护网的宿舍容易成为盗窃目标。

⑤ 在夜间或者假期时段进入：盗窃者通常会选择大家都不在宿舍的夜晚或者假期进行盗窃，不易被他人发现。

（3）防盗措施

① 提高安全防范意识

一方面，定期通过案例教育、班会等形式组织开展防盗安全宣传教育活动，使学生了解防盗的基础知识，提高防范意识；另一方面，学生本人做到人离门锁，不把宿舍钥匙放在门口或其他易于被发现的地方，不随意带陌生人进入宿舍。

② 加强防范措施

第一，加强宿舍锁具的安全性，选用品牌防盗性好、难以复制的高安全性锁具。并及时修理或更换损坏的锁具。第二，在宿舍楼门上使用装有门磁感应器的电子锁，配合密码或刷卡等验证方法，提高门禁管理水平，防止非法进入。第三，可以安装窗户防盗网或者防盗锁，确保窗户的牢固性，避免盗窃者通过爬窗户进入宿舍。第四，安装宿舍内外的监控设备，特别是宿舍楼的出入口、楼道、停车场等重要区域，监控录像能提供重要的犯罪证据。

③ 加强舍里沟通

健全宿舍楼层的社会关系网络，建立舍里互助机制，平日里宿舍之间相互提醒、关照，如遇其他同学宿舍门未关的情况，应提醒、告知并帮忙关上宿舍门，有其他非正常情况，也第一时间联系相关工作人员。

5.4.1.2 宿舍消防

在高校，宿舍是学生最密集的场所，学生每天频繁活动于此，一旦出现消防事故，极易造成集体伤亡，造成不可挽回的损失。因此，学生宿舍的消防安全不容忽视。

（1）宿舍消防事故原因

① 缺乏消防安全意识

部分大学生消防安全意识不足，认为消防事故离自己很远。一方面，忽视消防安全教育。较多大学生认为消防安全教育是学校"走过场"，不积极参与相关讲座或消防安全演练，或是未深入思考消防安全教育的意义，仅仅是完成任务。另一方面，日常生活中存在诸多安全隐患。正因消防安全意识淡薄，许多大学生在日常生活中忽视安全隐患，诸如私拉电线、出门不断电、饮水机空烧等，而这正可能成为火灾的"元凶"。

② 违反宿舍有关规定

宿舍管理制度中对宿舍安全用电等有明确的规定，比如西华大学在《西华大学学生公寓管理办法》中有相关规定。但高校中的部分同学们由于消防安全意识淡薄，易存侥幸心理，在明知存在安全隐患的情况下仍存在使用大功率电器等违规行为。比如在宿舍内随意拉扯用电线路，会造成线路布置不科学；同时宿舍内充电宝、电灯、电脑、手机等电器高度集中，宿舍的用电量较大，某一时段超过电线的负荷容易引发火灾。有的学生为图便利经常使用大功率电器，像电吹风、"热得快"、电饭锅等，这些大功率电器会超出电线的承载能力。

③ 欠缺消防安全知识

许多大学生对消防安全知识不了解。其一，缺乏基本电器使用知识。在电器购买方面，目前市场上仍有不符合安全标准的电器，有些学生是贪便宜、图省事，有些学生可能是因为疏忽而购买不合格的电器，这些不合格电器在使用过程中也可能造成安全事故。在电器使用方面，有的学生经常在出门后电脑不断电、不关机，还有部分同学在宿舍手机充电后拔下手机，而充电器长期不拔的情况。其二，不懂灭火的基本常识。在火灾发生时不知如何处理，错过灭火的最佳时机，导致火势进一步蔓延，最终造成不可挽回的损失。

（2）消防基础知识

① 常见灭火方法。常见灭火方法有冷却法、隔离法、窒息法、抑制法等。

② 灭火器的选用原则。灭火器有泡沫灭火器、二氧化碳灭火器、干粉灭火器等。

拓展阅读

（3）消防事故应对措施

① 及时扑救火灾

火灾初起阶段火势较弱，范围较小，若能及时采取有效措施控制火势，就能迅速将火扑灭。据统计，70%以上的火灾都是在场人员扑灭的。如果不及时扑灭，后果不堪设想。对于远离消防部门的地区，首先应强调群众自救，力争将火灾消灭在萌芽状态。

② 联系相应负责人

如遇宿舍发生火灾，第一时间联系宿舍所在楼栋宿管以及辅导员，将火灾影响降到最低，防止火势蔓延，危害人身及财产安全。如火势较大，应立即报警。报警注意事项：首先，拨打正确的号码（火警电话：119）；其次，尽量讲清楚所在地址、起火部位、着火物质、火势大小、是否有人被困等情况；再次，讲清楚自己的姓名、联系方式、联系电话等；最后，联系宿管与辅导员，安排专人在宿舍楼下等候消防车到来，指引消防车去往火灾现场的道路，以便迅速、准确到达起火地点。

5.4.2　出行安全

5.4.2.1　交通常识与应急措施

随着高校大学生的出行频次增加，交通安全问题日益突出。高校大学生应掌握、熟悉关于交通常识与应急措施的相关知识，以提高自身交通安全意识和应对突发情况的能力。

（1）常见交通常识

① 乘坐公交车时，要有秩序地排队候车，不要在公交车没有停稳时上、下车。

② 在站台上候车，要等车辆停稳后再上、下车。

③ 在道路上行走时，不应边走边看书或者听音乐。

④ 不在机动车道上拦乘机动车；没有人行道的道路，要靠路边行走。

⑤ 不坐无客运资质的车辆，不坐超员的车辆；发现客车超员、超速行驶时，应立即制止并举报。

⑥ 发现车辆驾驶人有酒后驾驶、超速行驶、疲劳驾驶等交通违法行为时，要及时制止并向公安机关举报。

⑦ 遇有前方交通拥堵时，应严格遵守交通规则，依次排队等候通行。如果前方车辆临时停止行驶时，不要与其争道抢行，以免发生事故。不强行猛拐、逆行和随意变更车道。

⑧ 自觉遵守交通规则，服从公安交警的指挥和管理。

⑨ 集体外出时，要有组织、有秩序地列队行走；结伴外出时，不要相互追逐、打闹、嬉戏；行走时要专心，注意周围情况，不要东张西望、边走边看书报或做其他事情。

⑩ 在没有交警指挥的路段，要学会避让机动车辆，不与机动车辆争道抢行。

（2）常见应急措施

① 发生交通事故时，首先要保持镇静，千万不要惊慌，更不能拥挤或盲目行动，以免发生更严重的事故；要及时拨打"110"报警电话，如果有人员受伤应拨打"120"急救电话；当事人应当保护好现场并迅速报告公安交通管理部门，不要擅自移动现场物品。

② 行车过程中，如果和别人的车辆相撞或刮擦时，一定要冷静对待。

③ 在不熟悉的地方出行时，提前规划好路线并了解紧急避险点。

5.4.2.2　旅行游玩安全

（1）外出旅游前应做好充分的准备，了解旅游目的地的天气、卫生、交通等情况。在外地旅游时，应提前了解景区的开放时间，以免因错过时间无法游玩。

（2）外出旅游应注意休息，不要过度疲劳。要保证充足的睡眠，避免因过度劳累引起身体不适。

（3）外出旅游时最好结伴而行，不要单独前往人烟稀少的地方；如果一个人出门，最好请同学、朋友、家人陪同。去人员复杂的地方时，要时刻注意自身安全，不要与陌生人交谈或搭讪。

（4）在野外游玩时要严格遵守当地法律法规、交通规则，尊重当地风俗习惯，不要随意乱扔垃圾，不破坏当地生态环境。

（5）外出旅游应注意饮食卫生，不购买和食用"三无"食品或过期食品；不要食用不认识的野菜和野果。

（6）旅游要选择正规旅行社，千万不要贪图便宜而选择那些不正规的旅行社。若不能判断旅行社是否正规，可查看其营业执照、税务登记证等相关证件是否齐全；另外也可上网查询该旅行社的信誉度以及其相关的证照和信息。

（7）外出旅游时注意旅行社是否有保险制度。大学生出游时要尽量结伴而行，最好有同学或朋友在身边陪同，要注意自己的人身安全和财物安全。

（8）去外地旅游，尤其是到偏僻的地方或者在景区游玩时，一定要提高警惕，防止上当受骗。外出旅游要有明确的旅游计划和目的地，不要盲目追求时尚。

（9）一定要考虑旅游路线是否合理、安全。在外出时应注意随身携带的贵重物品和财物的安全，晚上睡觉时要关好门窗。

5.4.2.3　报警常识

（1）报警时要保持冷静，不要因为害怕而不敢言。

（2）报警内容要真实，不得谎报警情。

（3）报警时要按接警员的提示提供所在位置（包括周边显著位置）、姓名、联系方式等。

（4）无特殊情况，报警后应在报警地点等候，并与民警保持联系。有案发现场的，要注意保护，不要随意翻动。

（5）110 是公安部门的报警电话，非紧急情况不得拨打 110。

（6）当遇到困难或危险时，可拨打 110 报警电话。在遇到违法犯罪行为或其他紧急、重要事项需要公安机关处置时，可以拨打 110 报警求助。

第六章　大学生心理健康

6.1　心理健康概述

（1）心理健康的概念

心理，是人脑对客观现实的主观反映，是脑的功能，在实践活动中不断地发生和发展。

健康是指一个人在身体、精神和社会等方面都处于良好的状态。健康包括两个方面的内容：一是主要脏器无疾病，身体形态发育良好，体形均匀，人体各系统具有良好的生理功能，有较强的身体活动能力和劳动能力，这是对健康最基本的要求；二是对疾病的抵抗能力较强，能够适应环境变化、各种生理刺激以及致病因素对身体的作用。现代人的健康观是个人整体的健康，世界卫生组织提出："健康不仅是躯体没有疾病，还要具备心理健康、社会适应良好和有道德。"

心理健康是指心理的各个方面及活动过程处于一种良好或正常的状态。心理健康的理想状态是保持性格健全、智力正常、认知正确、情感适当、意志坚定、态度积极、行为恰当、适应良好的状态。

（2）心理健康的特征

心理韧性：指能够在面临压力和困境时迅速恢复并保持积极向上的状态。

自我认知：对自己有清晰的认识，包括优点和缺点，能够理性看待自己。

情感表达能力：能够理解、处理和表达自己的情感，与他人建立良好的情感关系。

社交能力：具有良好的人际沟通和交往技巧，与他人建立积极的人际关系。

积极应对压力和挑战：面对生活的压力和挑战，能够以积极的态度主动解决问题。

（3）大学生心理健康概念

大学生心理健康，以在校大学生这一特定年龄阶段的人群为主体，应具有与年龄和角色相应的心理行为特征，其心理健康与所处环境和接触到的信息密切相关，与其他年龄段具有较大差异，强调在校园生活中可能会遇到的心理和健康发展问题。大学生心理健康是指大学生在身体、生理、心理素质等方面协调发展，有着良好的环境适应能力以及人际关系和谐的相对稳定的状态。

6.2 大学生心理适应

6.2.1 心理适应的概念

让·皮亚杰认为，心理、智力、思维，既不是起源于先天的成熟，也不是起源于后天的经验，而是起源于主体的动作。这种动作的本质是主体对客体的适应。心理适应主要指各种个性特征互相配合、适应周围环境的能力。一个人能否尽快地适应新环境，能否处理好复杂、重大或危急的特殊情况，与他（她）的心理适应性高低有直接的关系。大学生初到大学，面对新的环境，往往存在对大学生活和新环境的适应问题。

6.2.2 调节心理适应大学生活

（1）心态方面

正确认识和悦纳自我。正确地认识自己和悦纳自己，科学地分析自己的长处和短处，一方面要看到自己的优势，注意保持并不断提升这种优势；另一方面对于自身存在的差距要想方设法弥补。只有客观全面地认识自我，摆正自己的心态，才能心平气和地悦纳自我，树立信心，朝着自己的目标努力。

保持积极乐观的心态。乐观积极的情绪，对人的意志、行为和个性心理等起着积极的作用，同时它还主宰人的健康。对于大学新生，因对新环境与新事物的不适应而产生的不顺心和委屈往往较多，摆在面前要克服的困难和挫折更多。在遇到挫折时，意志力强的人往往能够自觉地控制和调节自己的心理与行为，面对现实，找出失败的原因，施展所有的本领来应对困难。

（2）行动方面

学习心理知识。掌握一些基础的心理知识，找到适合自己的方式方法应对压力，能够更有针对性地调节自己的情绪，消化不好的情绪，学会自洽。

加强情绪管理。学会识别自己的情绪并给予情绪合适的标签，寻找适当的机会和方式调节情绪，包括与他人交流倾诉、运动、艺术创作、冥想等活动。

寻求心理帮助。一些心理情绪无法通过自我调节而消化的时候，就需要积极地向心理咨询师或医院寻求帮助，才能更好地从内部、从心理上适应大学生活。

（3）生理方面

加强体育锻炼，规律运动，提高身体素质。研究发现，通过体育锻炼干预后青少年情绪状态更加稳定，社会问题解决能力得到提升。通过体育锻炼增加与社会互动，获得积极与愉悦的情绪体验，建立更为紧密的人际关系和培养积极的生活态度，从而提升心理适应能力。

6.3 网络环境下大学生的心理健康问题及应对

6.3.1 网络的概念

在计算机领域中，网络是信息传输、接收、共享的虚拟平台，通过它把各个点、面、体的信息联系到一起，从而实现这些资源的共享。当今社会互联网应用极为广泛，网络已成为高校大学生工作学习不可或缺的一部分，听网课、查文献、找资料、看视频、听音乐……但因网络成瘾而产生不同程度心理问题的大学生也在逐年增加，其表现为对现实生活失去兴趣、为人缺乏热情和主动性、社会适应能力较差、人际交往中出现精神不集中、记忆力衰退、缺乏时间观念以及经常失眠等。

6.3.2　网络环境下常见的大学生心理健康问题

（1）认知评价存在盲目化心理倾向

网络交往比较随意，进退自由，具有隐蔽性的特点。目前大学生上网虽然积极，其目的性却不强；或虽然有目的而为却是短期的，没有与自己的成长、前途联系起来。大学生对网络能给自己带来什么、自己上网到底是为了什么还存在模糊的认识。有的大学生沉迷于网络虚拟世界的交流而对互联网产生心理依赖。例如，对互联网游戏的沉迷、对互联网某些网页的沉迷以及因使用互联网而忽视时间观念等，这些依赖症状会使大学生陷入一种脱离现实的状态。

（2）价值取向功利化心理倾向

网络的发展使青年大学生的人生观、价值观有了三个基本的变化：从群体本位取向向个体本位取向的偏移；从单一取向向多元化取向的偏移；从理想主义取向向世俗性、功利性价值目标的偏移。许多大学生的行为方式、消费习惯也因此受到影响。大学生往往容易沉迷于网络中的虚拟角色，例如在网络世界中成为王者或领导等，这使得他们在现实世界中无法正确地进行自我定位。

（3）意志控制薄弱化心理倾向

大学生主要存在四种网络偏差行为：

① 网络技术型

这是以掌握网络各种操作技能为主要目的的一种持续上网行为。

② 网络信息型

就是大量浏览、收集网上无关紧要的信息，并以堆积和传播这些信息为乐趣。

③ 网络娱乐型

这是指大学生利用各种聊天软件以及网站开设的聊天室长时间聊天、交友或沉迷于网络游戏中。

④ 网络猎奇型

这种类型的大学生由于受好奇心的驱使而刻意去寻找有关内容的刺激来消磨时光。更为严重的是许多大学生因为痴迷于短视频平台、游戏等而染上互联网成瘾综合征。为了上网，他们不惜旷课、不参加集体活动，甚至荒废学业。

6.3.3　应对大学生网络心理问题的对策

（1）营造良好的网络环境，建立大学生网络心理引导队伍

网络环境是影响大学生心理的重要因素，良好的网络氛围有利于推动大学生形成良好的社会心理，而消极的网络氛围则会对不良的社会心理起推波助澜的作用。大学生网络心理的

引导队伍包括媒体、学校、社会组织等。一方面，网络心理引导队伍应监控网络环境，加大正面引导的力度。网络心理引导队伍可以通过介入各种网络传播渠道，如微信公众号推文、短视频平台发布视频、微博官方账号辟谣等形式，掌握大学生网民的心理动态，实施正面舆论引导。另一方面，网络心理咨询和辅导可以及时疏导大学生的社会心理问题，避免其恶性发展。因此，网络心理引导队伍还应及时消解不良的社会心理，提供各种心理咨询服务和心理辅导。

（2）加强网络道德建设

网络道德是人们在应用网络时所遵循的行为准则和道德规范的总和。网络道德意识淡薄是网络环境下社会心理问题存在的原因之一。由于网络社会缺乏统一、明确的道德规范，一些不道德的网络行为影响着大学生的心理健康。所以，当前网络社会必须尽快建立起统一的道德规范，使大学生清楚地认识到哪些网络行为应该做，哪些不应该做。

（3）积极引导大学生自我教育和自我管理

① 培养正确的网络心理健康意识

大学生应认真学习心理健康方面的知识。了解网络的特征，了解网络对人的心理和行为的负面影响，矫正自己的网络行为。掌握正确的信息价值标准，要守"网德"、讲"网法"，自觉抵制不良行为，做文明的网民。

② 掌握自我教育和自我管理的方法

从个体的自我教育来说，不但要做到"内省""自讼"，而且要努力做到"慎独"，即在无人监督的情况下，依然按照道德原则和规范去行动，不做违反道德的事。

③ 积极融入有益于身心健康的活动

大学生要积极融入各种丰富多彩、形式多样的社会实践活动，避免因生活单调、枯燥而把注意力过多集中在网络上。

6.4 大学生情绪管理

6.4.1 情绪管理的概念

积极的情绪可以使大学生身心健康发展，并且推动大学生德智体美劳全面发展。近年来，各行各业都在迅猛发展，加之互联网时代的到来，新思想和新事物层出不穷，高校大学生不可避免地受到冲击，最直接的影响便是情绪管理问题。

情绪管理是指一个人察觉和表达自己的情绪、感受，并识别他人的情绪，依据某个目标来调控自己与他人情绪的能力和技巧。其内涵丰富，归纳起来，可以分为三类：首先是情绪管理的适应性，将情绪管理解释为一种适应社会现实的行为反应；其次是情绪管理的功效性；最后一类便是情绪管理的特征性。

6.4.2 情绪管理不当引发的常见心理健康问题

焦虑是大学生常见的情绪状态，是一种类似担忧的反应或是自尊心受到潜在威胁时产生担忧的反应倾向。大学生常见的焦虑有自我形象焦虑、学习焦虑与情感焦虑等。自我形象焦虑是担心自己没有吸引力等，也有的是因为痘痘、雀斑等影响自我形象而引起的焦虑。与学习有关的焦虑（如学习焦虑、考试焦虑）在学生的情绪反应中最为强烈，需要引起重视。情感焦虑多数是由于恋爱受挫而引发的自我否定，认为自己不具备爱人与被爱的能力，因而过度担心，引起焦虑。

抑郁是一个人处于悲伤的状态和无法感到愉悦的心情。抑郁症状不仅指各种感觉，还指情绪、认知与行为特征。抑郁常常伴随着焦虑，对所有活动失去兴趣，渴望一个人独处，消极地看待世界、自我和未来。与此同时，还伴随着身体症状，如乏力、入睡困难等。也可能出现饮食紊乱，吃得过多或过少，随之而来的是体重激增或骤减。

愤怒是由于客观事物与人的主观愿望相违背或因愿望无法实现时，人们内心产生的一种激烈的情绪反应。有的大学生因一句刺耳的话或一件不顺心的小事而暴跳如雷；有的因别人的观点或意见与自己相反而恼羞成怒；有的因暂时的挫折或失败而悲观失望，痛不欲生。

6.4.3　改善情绪管理的有效措施

加强情绪管理教育。情绪健康有助于大学生建立良好的人际关系，提高其情绪管理能力与社会适应能力。因此，学校可通过建设健康温馨的校园环境、营造健康的情绪氛围、开展相关选修课以及专题讲座等途径来加强大学生情绪管理教育。也可通过辅导员和专业心理咨询师对大学生的情绪困扰进行疏导排解，进而减少负面影响。家庭是对孩子影响深远的场所，作为家长应以身作则，适时适度地与子女沟通、交流，给予孩子足够的关心和爱护。

提高自我情绪调节能力。从情绪管理内涵来看，提高大学生自我情绪调节能力是首要任务。美国心理学家沙赫特等认为认知因素是决定情绪的关键因素，因而需要教育大学生有意识地去分析自己不良情绪产生的动因；其次就是培养大学生合理地表达情绪；最后就是合理宣泄情绪，通过运动、倾诉等方式将负面情绪释放，从而缓解心理压力，恢复情绪。

建立积极情绪的培养。全球心理学研究机构提供的大量数据表明，人类的情绪会触动和改变生活中的许多方面。人类所拥有的对自身情绪的控制能力远超过自己的想象。所以，人们有能力促进自身的成长，使自己达到最佳的机能水平，并按照自己选择的方向来掌握和驾驭自己的生活。

【阅读材料】

北卡罗来纳大学心理学教授芭芭拉·弗雷德里克森在她的专著《积极情绪的力量》中列出了积极情绪的十种形式：喜悦、感激、宁静、兴趣、希望、自豪、逗趣、激励、敬佩、爱。她专门探讨了增加积极情绪的四种方法。

1. 找到生命的意义

在日常生活中，要更加频繁地寻找生命的意义。人们在日常生活中面对的大多数情况并非一无是处，所以，在生活中发现好的方面以及由衷地强调其积极意义的机会，是始终存在的。消极情绪并非来自人们遭遇的不幸，而是来自人们如何看待不幸。当你将不愉快甚至是悲惨的境况以积极的方式重新定义时，你就提高了自己的积极情绪。

2. 梦想你的未来

提高积极情绪的简单方法之一，就是更加频繁地梦想你的未来。为自己构想最好的未来，并非常详细地将它形象化。将美好未来形象化能够让你把自己每天的目标和动机与自己的梦想相契合。

3. 利用你的优势

确定自己的优势，并据此重新制订你的工作与日常生活流程，重塑自己。由此产生的积极情绪的提升，既明显又持久。

4. 享受自然环境

对于实现欣欣向荣来说，自然环境与社会环境一样重要。因此，在明媚的好天气里外出也是提高你的积极情绪的简单方法。根据研究，在春季和初夏，每个在好天气里或在户外待了 20 分钟以上的人，都表现出了积极情绪的增长和更加开阔的思维。

6.5 大学生压力管理

6.5.1 压力的概念

现代压力理论由加拿大生理学家汉斯·塞里提出。他认为，压力是个体无能力、无资源应对"外在需求"时的一种非特异性的生理反应。我国学者对压力的定义有以下三种。

① 指那些使人感到紧张的事件或环境刺激，如失业、天灾、贫困等。

② 指某种具有威胁性的刺激引起的生理或心理反应。

③ 指刺激与反应的交互关系。

6.5.2 大学生常见的压力来源

（1）学习的压力

学习压力是大学生感触最深的压力。一方面要应对学校的各门学科的期末考试，拿到相应的学分；另一方面，大学生为了在今后的就业过程中给自己加分，还要努力提高整体素质，参加社会职业性质的考试，如法律职业资格考试、计算机等级考试等。很多同学不注重科学用脑和合理膳食，导致疲劳和学习效率下降，而这反过来又会加剧心理的紧张感。

（2）经济困难的心理压力

特别是经济欠发达地区的大学生，一方面为自己的努力感到庆幸，希望通过大学知识的习得来改变自己的命运；但另一方面不得不为学费而发愁。那些筹到学费的家庭经济困难同学还得承担校内同学间经济差距带来的压力，害怕经济条件优越的同学瞧不起自己，由此甚至影响到正常的人际交往。有的特困大学生对其家人怀有深深的愧疚感，有的父母为了供养子女上大学甚至积劳成疾，这也使得大学生们背上了沉重的心理负担。

（3）就业的压力

当代大学生在享受自由择业权的同时，也面临着更多的就业竞争。社会对高学历、高素质人才的需求急剧增加。同时，由于就业市场不规范，大学生必须多方面联系单位，处于长时间的等待期，在心理上容易产生焦虑问题。

6.5.3　常见心理压力的应对策略

（1）增强自身的抗压能力

首先，当代大学生应当培养自己健全的人格，树立正确的人生观、爱情观、事业观；其次要培养自己分析问题、解决问题的能力，切实提高自己的竞争力；最后在人际交往中要善于换位思考，设身处地地站在对方的立场考虑，形成和谐的人际关系。

（2）缓解、释放压力的方法

① 积极倾诉法

把自己的感觉写下来，或者把自己的压力和想法告诉身边的人。

② 暗示法

选准最佳时机，有意识地利用语言、动作、回忆、想象以及周围环境中的各种物品等对自己实施积极暗示，可以消除负面情绪，减缓心理紧张，使心理保持平静和愉快。

③ 音乐法

当出现焦虑、抑郁、紧张等不良情绪时，听音乐可以起到调适心理和转换情绪的效果，会让你紧张焦虑的情绪得到放松。

④ 换境法

固定的环境会使人逐渐失去兴趣，进而引发一些心理问题。适当地变换一下环境，可以刺激人的自信心与进取心，如到远方旅游，能够转移注意力，寄托情感，排解不良情绪带来的种种困扰。

（3）善于进行自我心理调适

总的来说，自我心理调适的内容包括调整认知结构、情绪状态，以及锻炼意志品质。

第一，要始终保持对学习浓厚的兴趣。大学生要始终保持对学习的热情，竭尽全力地学习新的知识，使自己全面发展，提升自身的素质，以更好地适应社会。

第二，要始终保持对事物的乐观情绪。每当大学生遭遇艰难险阻时，都应该始终保持乐观的情绪、愉悦开朗的心境，对未来不放弃，要始终充满信心和希望；当心情郁闷时，要用理性的方式来排解自己的不良情绪，真正做到胜不骄、败不馁。

第三，要始终保持和谐健康的人际关系。人际交往是大学生认识社会的直接途径，和谐的人际关系有助于自我心理调适。

6.6　大学生心理危机应对

6.6.1　心理危机的概念

心理危机，是指个体在遇到突发事件或面临重大挫折和困难，当事人自己既不能回避又无法用自己的资源和应对方式来解决时所出现的心理反应。

美国心理学家凯恩认为，心理危机实质上是由以下三个基本要素构成的。

第一，存在或自己认为面临某种重大影响的生活事件、遭受挫折的境遇和面临严峻的挑战等。

第二，对重大事件的感知导致个体主观上的痛苦，包括急剧的情绪、认知和身体行为方面的一些改变，但又不符合任何精神疾病的诊断标准。

第三，个体感到无法应付、难以控制，而惯常的问题解决方法暂时不能应对或应对无效。

6.6.2 心理危机的主要分类与产生原因

6.6.2.1 心理危机的分类

（1）发展性危机

指个体在正常成长和发展中的适应不良。个体所处的人生阶段总是在发展变化着，从上一个阶段过渡到下一个阶段时总会遇到很多前所未有的挑战，比如第一次独立生活、恋爱、择业等，在处理这些事件时由于自身没有经验可循，很可能会出现身心的失衡。

（2）境遇性危机

外部环境发生了重大变化，通常是较罕见或刺激强度较大，且个体无法预测和控制时出现的心理失衡。例如亲人离世、重大疾病、与同学或老师发生激烈冲突、地震、目睹或亲历暴力事件等，常引起个体心理危机状态。

（3）存在性危机

主要指在生命探索过程中，试图回答一些重要的人生问题，例如关于人生存在的目的、意义、责任、承诺；个体开始思考"如果终有一天我会死亡，那么我当前存在的意义是什么？"等这类问题时，又无法获得令人满意的答案，自己生活的根基似乎有所动摇，开始怀疑自己存在的意义或价值，存在性危机就会出现。

6.6.2.2 大学生心理危机产生的原因

（1）社会原因

大学生正处于由不成熟向成熟转变的心理过渡阶段。因此，相比其他年龄段的人群，他们的心理压力更大，心理问题出现的可能性也更大。现代生活节奏快，各种新生事物不断涌现，这些无疑给当代大学生的生活带来了巨大冲击。大学生面临学习适应、人际交往的考验以及激烈的就业竞争等心理压力。

（2）学校原因

目前，我国部分高校心理服务体系的建设和运作还不完善，满足不了形势发展的要求，大学生的心理问题得不到及时有效的解决。还有一部分高校至今既没有开设心理健康课，也没有建立心理咨询机构，经费投入不足，宣传力度不够，危机干预工作开展得不够全面。

（3）家庭原因

父母的教育观念对孩子会产生深远的影响，如升学压力、特殊家庭结构、不良教养方式等的影响。

（4）认知偏差

认知是个体对自我以及周围环境的认识。个体对应激事件的认识和主观感受在危机应对过程中起重要作用，不同的认知会产生不同的心理反应。通过思想政治理论课的学习和训练，大学生已经具有了一定的辩证思维能力，但形式逻辑思维仍占优势地位。在思维模式上，往往采取聚焦式的方式认识事物和分析问题，把全部思维都聚焦在眼下的遭遇上。另外，大学生正处于自我意识发展的新阶段，表现为从眼光朝外着重认识外部世界到转向内部认识自己，使得对他人的评价过分敏感，有时会因一次很小的失误导致持续的自我封闭而不能自拔，这是引发大学生心理危机的内在原因。

（5）人格缺陷

危机人格理论认为，心理危机受个体人格特征的影响。容易陷入危机状态的个体，在人格上常具有这样几个特异性：注意力明显缺乏，社会倾向性过分内倾，遇到危机时总联想到不良后果；在情绪情感上具有不稳定性，自信心下降，独立处理问题的能力差；解决问题时行为冲动欠理性，经常会有毫无效果的反应行为。

（6）挫折承受力弱

挫折承受力是承受挫折而没有不良反应的能力。若适应能力和抗挫能力缺乏，一旦梦想与追求得不到实现，就容易产生失败感和挫折感，容易产生某些严重的负面情绪，并可能会转化为内向或外向攻击行为。

（7）网络的负面影响

网络是一把双刃剑，它在给大学生活提供方便的同时，也可能给心理带来一些负面作用。由于网络的虚拟性、匿名性和开放性等特点，现实中不能得到的东西在网上可以得到满足。部分意志薄弱的大学生因而可能对网络产生强大的依赖性，上网成瘾，容易患上网络综合征，表现为思维的片面性、处事消极、情感冷漠、人格障碍等。

6.6.3　大学生心理危机应对策略

6.6.3.1　积极的应对策略

（1）主动求助

第一，求助于亲人、朋友、同学和老师。人作为社会性动物从来都离不开人际情感，处于危机中的个体尤其需要，积极的人际支持会缓解危机带来的压力，提供源源不断的能量。因此，将自己的创伤经历和别人倾述、讨论是非常有用的求助方式。如果身边的朋友或亲人也有过类似的经历，互相分享会增加彼此之间的联系，更容易吸取"事情总会过去"的宝贵经验。

第二，求助于心理咨询专业人士。在遭遇心理危机时，会出现如前所述的躯体、认知、情绪和行为上的症状，如果心理危机能顺利得到自我调节，通常这些症状会在一周之内减轻。如果症状持续存在两周以上或者持续加重，即出现创伤后应激障碍（PTSD），那就会严重影响个体的正常的生活与学习，需要得到专业的帮助。当处于心理危机状态时，首要考虑的事情就是积极寻求心理咨询的专业帮助。大学生一般可在大学心理咨询中心寻求专业的心理咨询服务。

（2）积极自助

在寻求他人帮助和支持的同时，个体也应该积极地表达自我关怀并积极自助。当面对逆境与挫折时，人们应该对自己少一些自责和苛求，像对待所爱的人或遇到挫折的朋友那样，宽恕自己、善待自己、理解自己的过失和痛苦，充满善意地关怀与照顾自己。自我关怀能够提升人们情绪和身体的抵抗力，让个体有勇气直面令人痛苦的经历，积极地探索自己的人生，并从中获得个人成长。

同时，在遇到压力和挫折时，个体还应该善于采取积极的应对策略，想出尽可能多的解决办法，这直接关系到心理危机能否得到有效解决。个体应对策略通常包括以下三种。

成熟型。这类个体在面对应激事件或环境时，常能采取"解决问题"和"求助"等成熟的应对方式，而较少使用"退避""自责""幻想"等不成熟的应对方式。

不成熟型。这类个体在生活中常以"退避""自责""幻想"等方式应对困难和挫折，而较少使用"解决问题""求助"这类积极的应对方式，其情绪和行为均缺乏稳定性。

混合型。"合理化"应对策略，既与"解决问题"等成熟应对策略呈正相关，也与"退避""幻想"等不成熟的应对策略呈正相关，反映出这类个体的应对行为集成熟与不成熟的应对方式于一体，在应对行为上表现出一种矛盾的心态和两面性的人格特点。

个体在查明了自己的应对策略后，应努力向成熟型应对策略转化。

6.6.3.2　预防消极认知倾向

列出自己的消极思维，有助于提升个体对思维的觉察。大部分人都存在以下消极思维。

灾难化：想象最糟糕的结果会出现。例如，我在讲台上的表现会越来越差。

过度的概括化：根据单一的事件或者想法来对自己的生活模式得出结论。例如，我总是犯这种错误。

推测心理：个体深信自己知道别人的所想。例如，我知道他不喜欢我。

预测未来：确信自己知道将要发生的事。例如，我要失败了。

自我批评对话：对自己充满负面的想法。例如，是我导致输掉这场篮球赛，我总是很失败。

绝对化思考：对事物的认知非黑即白，不承认有模糊区域的存在。例如，这是好事或者这是坏事，但是绝不承认这事很不幸，但说不定也有好处。

如果你觉得自己无法识别消极思维，也可以借助他人来帮助识别。

【阅读材料】

自我关怀

2007 年，美国心理学家内夫、鲁德和柯克帕特里克以 177 名大学生为被试，平均年龄约 20 岁，采用问卷调查的方式系统考察了自我关怀与积极心理健康和大五人格之间的关系。研究结果发现，自我关怀与幸福感、乐观、积极情感、智慧、个人成长、好奇与探索等心理健康指标呈显著正相关。同时还发现，自我关怀与宜人性、外倾性和尽责性呈显著正相关，而与负性情感和神经质呈显著负相关。此外，在控制了人格相关变量后，自我关怀仍然可以显著地预测积极心理健康指标。该研究证实，自我关怀可以很好地预测个体心理健康水平。

6.6.3.3　积极协助他人走出危机

要做好大学生心理危机的防范和快速反应，关键和难点在于准确识别心理危机。大学生出现心理危机并不是没有早期的特征表现，而是会发生在一定时间内，具有突然性。可以通过筛查与观察躯体症状、认知情绪、言语行为、社会功能等方面的表现作为心理危机识别的信号。

（1）识别信号

当他人处于严重的心理危机状态时，要能觉察其心理变化，对一些特别危险的表现有敏锐的觉察能力。

言语上直接或间接地表达：直接表达"我不想活了"的意思，或间接表达"没有我他们会过得更好""现在没有人能帮得到我了""很快所有的问题都会结束的"这类话，也可能会以消极的态度讨论生命的意义等。

行为上的表现：同该个体的惯常行为相比有明显的行为改变，如突然中断与他人的友谊、疏远他人、回避关心、社交中出现逃避和退缩、成绩严重下降、注意力难以集中、呆坐木讷、少言寡语、冲动行为明显增加、食欲减退、失眠或精神倦怠、个人整洁度严重下降、与朋友们道别等。

情绪上的表现：最明显的特征是绝望，对任何事物都丧失兴趣，感到无趣和无聊。

以上这些表现看似复杂，但实际上了解当事人的人都是容易觉察到的，一定要重视这些信号。

（2）积极应对

当身边的人有心理问题时，应该谨慎地对待，了解他人的需求，提供资源和支持，尊重他人的隐私，并注意自己的心理健康。

不要轻易判断：在面对他人的问题时，不要轻易判断他人是否有心理问题。如果盲目地认为他人有问题，甚至用自己的想法去推销所谓的解决方案，往往会让他人感到反感，从而失去帮助他人的机会。所以，在发现身边的人可能有心理问题时，也许可以先表达自己的关切，了解别人的想法和感受，看看有没有需要关注的地方。

提供资源和支持：如果当事人确实有心理问题，应该尽可能地提供资源和支持。有些人可能需要咨询心理医生，而有些人可能只需与朋友倾诉一下。应该了解附近的心理医生、心理咨询机构等资源，同时表达自己支持的态度，让别人明白他们不是孤单的，有人和他们在一起。

尊重当事人的隐私：在帮助当事人的过程中，应该尊重当事人的隐私。如果当事人不想被其他人知道具体情况，那么就不要去深入了解，避免对其造成伤害。如果当事人想寻求专业心理医生咨询，应帮助当事人保守秘密，不要向外界透露其具体情况。

保证安全：如果情况危急，不要放任当事人独处，如觉得个人力量或当时所处环境无法保证当事人的安全时，应尽快在第一时间向外界发出信息，联系周围能及时赶到的朋友、同学、老师、家长。

积极关爱、引导：如果情况尚未进一步恶化，先给予情感上的理解、关心和支持，倾听当事人的想法和感受，让对方感觉到关怀、温暖，不反驳、否认、责备对方。要鼓励和引导当事人向亲朋好友和老师倾诉，也可以陪伴其求助于专业心理咨询师。

做好自我保护：在处理别人的心理问题时，也需要关心自己的心理健康。有些人面对别人的困境可能产生焦虑、担忧等负面情绪，这对自己的心理健康也造成了影响。因此，在给别人提供帮助的过程中，也要注意自己的情绪变化，适时地采取保持自己身心健康的措施。

6.7 学校心理咨询

6.7.1 学校心理咨询的对象和内容

6.7.1.1 学校心理咨询的对象

通常学校心理咨询由心理健康教育或服务相关单位的专职从业人员提供，常见的咨询服务对象有以下几类。

（1）所有在校学生

所有在校生在学习、生活、发展、择业等方面遇到问题时，都可以向学校心理咨询工作人员寻求帮助。

（2）心理偏常的学生

这类学生在认知、情感、意志、行为等方面有不同程度的障碍，存在一定的心理问题。

（3）学校的教师、行政人员和学生家长

学校心理咨询为他们提供心理学的知识和劝导，从而帮助他们了解学生的身心特点并有针对性地提供帮助。

6.7.1.2 学校心理咨询的内容

（1）以人生发展为中心的咨询内容

大学生的人生发展目标，比如学习目标的确立、就业方向的选择、职业兴趣的测定与培养等。

（2）以适应校园生活为中心的咨询内容

比如大学新生入学适应的心理问题、大学生不良学习方法的纠正、引导大学生正确地与异性交往、帮助大学生正确处理人际冲突等。

（3）以心理健康问题为中心的咨询内容

比如常见的心理疾病诊断、治疗和护理问题。心理咨询的一般原则是指导心理咨询工作的基本原理，是心理咨询工作人员在咨询活动中必须遵守的基本要求。

6.7.2 心理咨询的一般原则

（1）保密性原则

保密性原则是指心理咨询工作人员有义务对咨询对象的访谈内容予以保密，咨询对象的名誉和隐私权应受到道义上的维护与法律上的保障。保密既是咨询双方建立和维系信赖关系的基础，也是维护心理咨询工作声誉的大前提，为咨询对象保密也是维护社会伦理道德、捍卫法律尊严和公民权利的必然要求。从道理上说，咨询过程中不可避免地涉及咨询对象或其他人的隐私，甚至会涉及单位或家庭内部的矛盾冲突，了解这些情况的目的在于更好地为咨询对象消除心理障碍。但如果这些深层的隐私得不到应有的保护和尊重，就很可能激化矛盾，引起事端，甚至有可能造成咨询对象的绝望轻生，因此，咨询人员不得随意向外泄露这类隐私。从法律上看，维护公民的个人权益是我国宪法明确规定的，心理咨询工作者应牢记自己的法律责任和义务，坚持为咨询对象保守秘密，保护咨询对象的合法权益。

（2）整体性原则

整体性原则是指在咨询过程中，咨询工作人员要有整体观念，对咨询对象的心理进行全面考察、系统分析，使咨询工作准确有效，防止和克服咨询工作中的片面性。心理咨询强调整体性原则，是因为不仅人的心理是一个有机的整体，知、情、意、行是密切联系在一起的，心理过程、心理状态与个性心理特征，心理因素与生理因素等方面也相互作用、相互影响，而且个体身心因素与外部环境特别是社会环境之间也存在彼此制约、互为因果的错综复杂的联系。因此，心理咨询工作绝不能"只见树木，不见森林"，而应综合考虑个体心理的完整性和统一性、个体身心因素与外部环境的制约性和协调性，全面考察和分析咨询对象心理问题的形成原因，以便作出科学的诊断与恰当的处理。

（3）信赖性原则

信赖性原则是指在心理咨询过程中，咨询工作人员应从尊重、信任的立场出发，努力与咨询对象建立起朋友式的信赖关系，以确保咨询工作的顺利进行。咨询对象来咨询前，往往有一种矛盾的心理，他们既对咨询人员充满期望，又担心不能碰到热情、有耐心、学识渊博的咨询人员，因此，一般比较拘谨，带有观望的态度。咨询工作人员应热情接待，营造一种和谐的交友氛围，相互建立信任感，使咨询对象的紧张心情松弛下来，由观望变为信任，产生愿意交往的心理，能毫无保留地吐露真实情况和想法，为顺利进行心理咨询奠定基础。

（4）差异性原则

差异性原则是指咨询工作人员在咨询中既要遵循心理咨询中的一般特点和规律，又要注意咨询对象的个别差异。首先，要根据咨询对象的性别、年龄、职业、文化程度等确定咨询的方法。不同文化程度的咨询对象，对咨询工作的理解和接纳程度有很大的不同。文化程度较高的咨询对象会有较强的分析能力、评判能力，因此在咨询中可以和他们深入讨论有关问题，从理论上提出建议，帮助他们纠正认识上的偏差；但对一些文化程度较低的咨询对象，则不宜进行过多的理论探讨，而应深入浅出地解释其心理症结所在。其次，要根据咨询对象的具体情况，选择相应的诊治措施。

（5）指导性原则

指导性原则是指咨询工作人员要针对咨询对象的具体情况，从理论到实践的各个层次上提出积极的建议，帮助咨询对象获得合理的认知形式和良好的行为方式。首先，咨询对象的心理障碍多半是由家庭、社会、工作中的矛盾引起的，并因此可能带来消极厌世甚至敌对的情绪。咨询工作人员应实事求是地对问题进行分析，逐步逐项地加以开导，帮助他们改变看问题的角度，建立新的思维方式。其次，指导性原则还体现在咨询工作人员应帮助咨询对象归纳、总结在克服心理障碍过程中的一些行之有效的做法，多从理论上加以指导，理顺头绪，增强咨询对象的自信心，提高其克服心理障碍的自觉性和积极性。

（6）矫正与发展相结合的原则

矫正与发展相结合的原则是指在咨询中既要为咨询对象排除心理障碍，使其心理获得平衡，又必须积极促进其发展，这样才能最大限度地发挥咨询的功效。心理咨询中，矫正与发展相结合是人的心理发展的客观要求。在心理咨询过程中，如果这些深层次的问题没能得到根本解决，咨询对象的情况就会时好时坏，反复出现。要彻底根除心理障碍就必须将矫正与发展结合起来，不仅要矫正表面障碍，而且更要发展、完善其人格特征与认知结构，只有这样，才能真正达到促进身心健康的目的。从心理咨询的目标看，矫正障碍只是一个具体目标，促进人的发展才是心理咨询的终极目标，只有将两者结合起来才能最大限度地发挥心理咨询的功效。

6.7.3　学校心理咨询的作用

（1）倾诉心声

每个人都有倾诉心声的心理需要，当需要释放心理压力时，朋友、同学、亲人都可以成为倾听心声的人，但他们也有不方便、不适宜的时候，而与自己没有亲缘和利害关系的心理咨询师则能耐心地倾听倾诉，用心理学专业的知识为来访者分析问题、排忧解难。

（2）辨明问题

人的心理问题有各种类型和性质，不同的问题应该用不同的方法来解决。许多心理问题并不是心理疾病，而是由纷繁复杂的社会生活引发的。就大学生来说，有些是与学习有关的心理问题，比如学习动机、厌学情绪、考试焦虑等；有些是与自我观念有关的心理问题，比如自卑、自恋、自傲、自闭等。诸如此类的问题，都不是心理疾病，但如果不及时解决就会使人情绪低落，影响学习和工作，甚至引发身心疾病。因此，应该通过心理咨询及时调整治疗。

（3）磋商对策

心理咨询有助于来访者宣泄压抑情绪，辨明问题性质并探索解决问题的对策，这些对策都能使来访者的紧张情绪得到缓解，心态也随之得到平衡。

6.7.4　学生进行心理咨询时的注意事项

学校心理咨询室的服务对象是本校全体学生，提供免费咨询。学校心理咨询室为来访者保守秘密，未经来访者同意，绝不向任何部门和个人泄露来访者的任何信息。心理咨询是一个持续的过程，并不是每一次咨询和辅导都能取得明显的效果或彻底解决问题，来访者须对心理咨询充满信心并有主动咨询的愿望，这是心理辅导获得成功的关键。心理咨询的辅导效果主要源于双方的信赖关系，因此任何成功的心理辅导都需要来访者与咨询老师直接进行交流，不可以代替他人咨询。

来访者可通过预约来获得帮助。预约的途径有三种：上门预约、电话预约、网上预约。

假如你不方便面对面咨询的话，也可以通过书信的形式进行沟通，请将书信交至学校的心理咨询机构。

【阅读材料】

心理咨询

心理咨询是20世纪80年代开始在我国兴起的一种心理健康服务形式。目前绝大多数高校设有为大学生身心健康成长服务的心理咨询机构，心理咨询已成为大学生保持心理健康的重要途径与方法。

心理咨询是指受过咨询心理学专业训练的专业人员，运用心理学知识、理论和技术，对那些解决自己所面临的问题有一定困难的个体提供帮助、指导、支持，找出心理问题产生的原因，探索摆脱困境的对策，从而帮助来访者缓解心理冲突、恢复心理平衡、提高环境适应能力、促进人格成长。通常心理咨询包括个体面谈咨询、团体心理咨询、家庭心理咨询和电话心理咨询等形式。

当前社会上对心理咨询仍存在一些误解和偏见，担心接受心理咨询会被认为是"不正常"，而不敢去寻求专业的心理帮助。其实，心理咨询最主要的工作对象是健康人群，通常是帮助疏导学习、生活、工作、交往等方面存在的问题，以及个人发展方面的问题，比如自我认识、人际关系与沟通技巧、情绪调节与压力管理、学习及工作中的问题、个人发展与职业选择、家庭关系调适等。所以，不论是谁，只要觉得自己在心理上、情绪上有了痛苦和烦恼，均可以求助于心理咨询。

心理咨询是一个专业化的"助人自助"过程，这个过程并非心理咨询师直接解决问题，而是旨在帮助来访者认清自己的问题所在，正确处理所面临的困扰，并在以后遇到类似问题时能独立处理、有效应对。

第七章 纪律与规范

7.1 纪律教育

7.1.1 纪律教育的内涵与重要性

（1）纪律教育的内涵

纪律就是规则，是指要求人们遵守已经确定的秩序，执行命令和履行职责的一种行为规范，是用来约束人们行为的规章、制度和守则的总和。从定义上看，纪律教育是一定组织对组织范围内成员的行为加以规范，培养成员纪律意识及品质的过程。

从分类角度来看，纪律教育主要分为行政纪律和道德纪律两大类。在高校中，通常会制定一系列学生行为守则、学生管理规定、纪律处分条例等文件，将行政纪律作为维护学校正常秩序的重要手段。学生必须遵守这些行政纪律，违反这些规定会受到相应的批评或处分。因此，行政纪律在很大程度上能够有效规范大学生的日常行为。

除了行政纪律外，道德纪律也是一种重要的规范行为的手段。这种纪律的"约束力"来自个人的内心，通过遵守各种社会道德规范，人们能够在外在行为上表现出高度的规范性，同时将这种规范内化为自身的品质。因此，道德纪律在人的行为规范中同样占据着重要的地位。

在法治校园的大背景下，纪律教育是高等教育中不可或缺的一环。作为高校日常教学工作和管理工作的基石，纪律教育不仅保障了教学秩序的正常运行，更在培养大学生良好行为习惯、塑造其优秀品质方面发挥着至关重要的作用。

（2）纪律教育的重要性

在现代社会，纪律是维护社会秩序、保障公平正义、促进社会和谐发展的重要基石。对于个人而言，纪律同样是个人成长和事业成功的关键因素之一。纪律教育是大学生必须接受的一项重要教育。

首先，纪律教育有助于培养学生形成良好的行为习惯。通过纪律教育，学生可以了解各种规章制度和行为规范，明确自己在不同场合下的行为准则，了解自己的权利和义务，学会如何与他人相处。这样，在日常生活中，就能够自觉地遵守各种规则，养成良好的行为习惯，提高自身素质。

其次，纪律教育有助于提高工作效率。在一个团队或组织中，如果每个人都能够自觉地遵守规章制度，按照规定的时间、质量和标准完成任务，那么整个团队或组织的工作效率就会得到显著提高。这样一来，不仅能够提高个人业绩，还能够为团队或组织创造更大的价值。

此外，纪律教育还有助于培养学生的责任感和担当精神。通过遵守规章制度和行为规范，学生能够逐渐认识到自己在社会中的责任和担当，了解什么是正确的行为和态度。这样，在面对各种困难和挑战时，他们就能够勇于承担责任，不推诿、不退缩，积极应对各种问题，从而避免违纪违规行为的发生。

7.1.2　纪律教育的类型

大学是优秀人才的培育基地，大学生的纪律教育是促进学生成长的基石。在大学，学生不仅仅需要学习专业知识，还需要接受各个层面的纪律教育。下面介绍几种常见的纪律教育类型。

（1）大学生安全纪律教育

高校学生工作的一个核心内容与重要环节便是大学生安全纪律教育。高校为了营造平安、和谐的校园环境，必须加强对大学生的安全纪律教育。对于每一位大学生来说，接受安全纪律教育不仅是他们维护自身权益的关键手段，更是其保障自身安全的必要措施。校园安全纪律教育涵盖了多个方面，包括但不限于用电安全、人身安全、饮食安全、住宿安全、交通安全、实习安全、财产安全以及网络安全等。

（2）大学生文明纪律教育

大学生是高校校园的主体，对和谐校园建设起着核心作用。大学生在学校中表现的文明和不文明行为，不仅是自身道德素质高低的表现，而且关系到大学生自身的全面发展，和谐校园、和谐社会的建设，最终影响到国家对人才的需求。因此高校应通过多种方式，如开展文明礼仪的主题教育班会，组织关于文明建设的辩论赛、演讲赛、征文赛等，来提高大学生素质，倡导文明行为，尽量减少和杜绝不文明行为，为培养更多的合格人才创造条件。

（3）大学生诚信教育

诚信在维护社会稳定、促进经济发展等方面具有不可估量的价值。作为国家未来的希望和社会主义事业的中坚力量，青年大学生在诚信方面的教育和修养至关重要。大学生诚信教育归根结底是对大学生开展道德教育。通过组织各类以诚信为主题的班会和教育活动，如考风考纪教育等，促使大学生真正将诚信内化于心、外化于行，为社会稳定和经济发展贡献力量。

（4）大学生学习纪律教育

在高等教育中，大学生学习纪律教育占据着至关重要的地位，对学生的成长和未来发展具有深远的影响。因此，高校应当充分认识到其重要性，并采取切实有效的措施来加强学习纪律教育。具体而言，高校应建立健全学习纪律的规章制度，明确规定学生的学习要求和行为准则，确保学生能够明确了解并遵守相关规定。同时，高校应加大管理力度，对违反规定的学生进行适当的惩罚，以维护良好的学习秩序。

7.2 大学生违纪违规的预防

大学生违纪违规行为，是指违反校纪校规、违背社会公德准则乃至违法犯罪的行为。这些行为不仅会影响学生的个人发展，还会对校园秩序和社会稳定造成不良影响。

大学生日常行为必须遵守法律法规、校纪校规等规范与准则，这是每位学生必须坚守的底线。人生虽然漫长，但一步走错，便可能以一生的前程为代价。

（1）大学生违纪违规行为的原因

虽然绝大部分学生具备良好的纪律行为，但是仍有零星的违纪现象出现，严重影响了学校正常的教学秩序。而大学生违纪行为的出现并不只有学生自身的单方面因素，还与所处的社会环境以及所接受的学校教育、家庭教育也有十分密切的关系。

首先，社会环境对大学生的行为有着重要的影响。现代社会的快速发展和多元化使得信息的传播更加迅速，大学生的价值观和行为模式也更加多样化。然而，一些不良的社会风气和网络环境也可能对大学生的行为产生负面影响，导致一些违纪行为的发生。

其次，学校教育对大学生的行为也有着重要的影响。学校应该为学生提供良好的学习环境，同时也要注重培养学生的品德和行为习惯。然而，一些学校可能存在管理不严、教育方法不当等问题，这可能导致一些学生出现违纪行为。

此外，家庭教育也是影响大学生行为的重要因素之一。家庭是孩子成长的第一课堂，父母的言传身教对孩子的行为习惯和价值观的形成具有至关重要的作用。然而，一些家庭可能存在教育缺失或教育不当的问题，这也可能导致一些学生出现违纪行为。

综上所述，大学生违纪行为的出现是由多种因素共同作用的结果。为了减少违纪行为的发生，我们需要从多个方面入手，包括加强社会环境治理、改进学校教育和家庭教育等。只有这样，我们才能为学生创造一个更加健康、有序的学习环境。

（2）大学生违纪违规行为的预防手段

首先，要有效减少乃至杜绝大学生的违纪行为，核心在于全面提升大学生的整体素质。作为学习的主体，大学生应具备稳定的行为素质和良好的行为习惯。因此，我们必须从提高大学生的综合素养入手，深入开展思想政治和品德行为教育，引导他们树立正确的人生观和价值观。同时，培养他们积极乐观的心理态度，积极参与校园活动，丰富大学生活。通过塑造"自立、自信、自尊、自强"的形象，大学生将养成良好的生活习惯与学习习惯，进而全面提升自身的综合素质，更好地适应社会发展的需求。

其次，学校应充分发挥其在学生教育中的主导作用。作为学生成长过程中的关键环节，学校教育在思想、法治等多方面扮演着重要的角色。学校应开展法治教育，增强学生的法律意识和观念，同时加强纪律建设，为学生提供一个正常、有序的学习和生活环境，从而促进他们的全面发展。在教育模式和教育方法上，学校应充分发挥学生的主体作用，激发他们的学习积极性，鼓励创新思维。

另外，关注学生的心理健康发展是提高学生综合素质、减少甚至杜绝违纪现象的重要一环。通过上述措施的实施，学校可更好地履行其教育职责，为社会培养出更多优秀的人才。

最后，在教育工作中，社会、家庭和学校的紧密结合是至关重要的。为了更好地推进学生的素质教育，需要各方面共同努力，形成一股强大的教育合力。这不仅要求学校发挥其主导作用，还需要家长和社会的积极参与和支持。为了加强学校与家长之间的联系与沟通，建立有效的家校联系制度是必要的。通过这一制度，双方可以及时了解学生在学校和家庭的表现，针对出现的问题共同商讨解决方案。这样不仅可以促进学校与家长之间的合作，还有助于家长更好地了解学生的成长需求，明确自身的责任与义务，与学校一同为学生的全面发展而努力。

对于大学生的违纪行为，我们要有明确的认知，并且能够结合社会、学校、家庭以及学生自身多方面的因素，确保大学生自身综合素质的提高，减少大学生违纪行为的出现，为社会提供全面发展的高素质人才。

7.3　大学生日常行为规范

作为新时代的大学生，在追求知识、拓宽视野的同时，更应该注重自身的品德和行为规范。而在校园中，我们有责任遵守一定的行为规范，时刻提醒自己规范言行举止、注重文明礼仪。从点滴做起，既是为了营造良好的校园氛围，也是为了更好地塑造自己的价值观和人生观。

7.3.1　学习场所篇

课堂、自习室、实验室、机房等场所是大学生最主要的学习场所，营造良好的学习环境是激发学习热情、提高学习质量的根本保障。遵守规章制度、保持安静、爱护公共财物，共同维护学习场所的正常秩序，符合每位大学生的共同利益。

（1）教室行为规范

·遵守请销假制度。按时上课，不早退、不旷课，有事请假，并及时销假。

·课前、课间应主动擦黑板，整理好讲台，帮助授课教师做好上课的相关准备。因故迟到应敲门，主动向老师致歉，经老师同意后方可进入，课后应向老师说明迟到的原因。

·主动维护良好的教室秩序，在上课或自习时，不得占座，不得做与学习无关的事情，男女同学间交流应注意举止得体。

·课堂上发言应先举手，经允许后方可提出或回答问题。

·正确对待老师在教学过程中出现的疏忽和差错，选择合适的时机和方式提醒老师。

·上课时间，手机应关机或调成振动、静音状态，不接听电话、收发信息，保持课堂秩序安静。

·在课堂上应保持仪容整洁，衣着朴素大方，举止端庄，不穿奇装异服。不得穿拖鞋、背心、超短裤、超短裙等进入教室。

·最后离开教室的同学应切断电源，关好门窗。

·独立认真地完成老师布置的作业，书写工整，卷面整洁。

·不随便占用教室从事其他活动。

（2）机房行为规范

·服从机房工作人员的管理，自觉遵守机房的相关规章制度。

·对号入座，不占其他人的位置，使用完毕后整理好放回原位。

·认真完成老师布置的上机任务，不得从事与上机训练无关的事情。

·机房内注意控制音响的音量，手机应关机或调成振动、静音状态，不接听电话、收发信息，保持安静的上机环境。

·严格按规程开关机、操作仪器，不随便操作教师主控台。

·爱护设备。不重敲按键，不触摸显示器，不随意移动设备，不随意拔电缆线、电源线和信号线。

（3）实验室行为规范

·自觉遵守实验室相关规章制度。

·实验前认真预习实验指导书及有关理论，了解实验内容、目的、要求、方法和注意事项，做好相关准备。

·做实验时严格遵守仪器设备的操作规程，听从实验室老师的指导，严肃认真，仔细观察和记录实验数据，实验后按时提交实验报告。

·爱护仪器设备。实验中仪器设备若发生故障或出现异常，应及时报告实验室老师处理。

·实验时注意安全，节约水电和实验耗材。

·在实验室内保持安静，来回走动时不影响他人做实验，手机应关机或调成振动或静音状态。

·实验完毕应将仪器设备及其他物品整理就位，做好清洁工作，经实验室老师检查许可后方可离开。

·未经许可不得动用与本实验无关的仪器设备及其他物品，不将任何物品带出实验室外。

（4）图书馆行为规范

·应自觉遵守图书馆的相关规章制度。

·尊重和理解图书管理员，借书还书文明有序，耐心排队，不喧哗吵闹。

·维护图书馆秩序，保持馆内安静，手机应关机或调成振动、静音状态，接电话时应轻声细语。

·尊重图书管理员的劳动成果，不乱插乱放书籍，看完后应及时将书放回原位。

·阅览室内杂志一次不宜拿太多，方便他人借阅。

·爱护书籍，不撕毁、损坏书籍资料，不乱涂乱画。

·阅读完毕及时归还，方便他人再次借阅。

（5）会场行为规范

·准时到会，不迟到、不无故缺席。

·不着艳妆，服饰整洁、大方得体。

·依次进场，按指定位置入座。

·有奏国歌仪式时，应起立肃静，面向国旗行注目礼。

·手机应关机或调成振动、静音状态，不接听电话，自觉维护会场秩序，服从会务组统一指挥，遵守会场纪律。

·会议期间不随意走动、频繁进出会场。

·欣赏高雅艺术时，应在演员或指挥致谢后鼓掌，不吹口哨，不起哄，不喝倒彩。

·因故迟到或中途出场时，不制造噪声、不影响他人。

·爱护公共设施，保持会场清洁卫生。不在会场内吸烟，离开时自觉清理自己座位处的垃圾。

·有贵宾或领导进场时应鼓掌欢迎。

·积极配合主持人完成所有活动程序。

·散会时有秩序地退场，不抢先、不拥挤，避免造成混乱和意外事故。

7.3.2 生活场所篇

寝室、食堂、运动场所、网络等是大学生业余时间休息、娱乐、交友的场所，是展示个人文明素养的重要舞台。一个下意识的礼貌举动就可能给别人留下美好的印象。创建和谐的寝室文化，营造温馨、舒适的生活氛围，是我们共同的愿望和责任。

（1）寝室生活文明行为

·自觉遵守学生公寓各项规章制度，服从公寓管理人员的管理，主动配合有关人员的检查。

·团结友爱，关心他人。宿舍同学间相互帮助，和睦相处，营造温馨的生活氛围。

·尊重他人的隐私及个人习惯。

·养成良好的卫生习惯，维护宿舍公共卫生环境，注重个人卫生。

·合理安排值日制度并严格执行。工作日应按时起床，叠好被子，整理物品，保持书桌干净整洁。

·增强自我防范意识，防火防盗，休息或外出时要锁好门、关好窗。发现可疑人员要立即询问、报告，确保宿舍治安环境良好。

·爱护公寓内公共设施，门窗、橱柜、锁具、消防栓等如有损坏及时报修。

·遵守学校一日生活制度，按时起床，按时就寝，不得夜不归宿，晚间迟归要主动登记并说明原因。

·在宿舍内观看重要体育赛事时应做到文明有序，不大声喧哗吵嚷。

·学生公寓内遇到停水、停电等突发事件时要保持安静和冷静，通过学生干部、管理人员或值班人员及时解决问题。不滋事起哄、摔砸物品。

·合理布置宿舍网线，保持整洁雅观，并注意消防以及卫生隐患。

·不得将易燃、易爆物品带入宿舍，宿舍内禁止做饭，禁止使用各种违章电器。

·出门时应关闭电器，切断电源。

（2）食堂文明行为

·自觉维护就餐秩序，排队购买饭菜，不争吵、不拥挤。

·讲究礼貌礼节，遇到老师、领导、长者一同就餐应主动起立、让座、打招呼。同桌就餐，应先请长者、女士入座。

·文明就餐，注重就餐礼仪，不当众剔牙、漱口，不随地吐痰。

·应熟悉并遵守不同进餐方式的礼节。

·熟悉并尊重不同的餐饮礼节习惯。

·勤俭节约，爱惜粮食，能吃多少就买多少，防止浪费。

·饭后应将餐盘端至餐具回收处，尽量不使用一次性餐具。

·礼貌对待餐厅服务人员，尊重他人的劳动，保持餐厅卫生。

·不破坏餐具，保持用餐环境清洁。

（3）运动场文明行为

·积极参加文体活动，提高身体素质，保持身心健康。

·锻炼时应增强安全意识，防止意外事故。

·使用运动场时应爱护运动设施及器材。

· 个人锻炼时应选择合适的场所和时间，以不打扰他人为前提。

· 参加比赛要遵守有关运动规则，运动过程中如与别人发生正当冲撞，要宽容大度，彰显体育精神。

· 做文明观众，观看比赛时，要尊重裁判和工作人员，自觉遵守并维护运动场的秩序，不喝倒彩，并注意人身安全。

（4）网络文明行为

· 合理安排上网时间，不占用正常的学习时间上网，不通宵上网。

· 合理使用网络，学会利用网络做对自己学习有帮助的事情。

· 增强自我保护意识，不轻易相信网络信息。

· 对于网络新闻，应时刻保持清醒头脑，不信谣、不传谣、不造谣。

· 尊重网友，不说脏话和挑衅的语言，不对网友进行人身攻击。

· 不进行网络欺诈、网络赌博、网络恶意投票。

· 不浏览不良信息，不发送不文明、不健康的垃圾信息与邮件，不观看和传播黄色书刊或音像制品。

· 不沉迷于网络游戏或不良小说。

· 应自觉遵守不同网站和论坛的相关规则。

【心中有数】

某大学学生刘某曾在微信朋友圈就网络上流传的不真实的"暴力打人事件"发表不当言论，在学校同学中造成严重不良影响。事后鉴于该学生能主动承认错误，检查认识深刻，本着教育与惩戒相结合的原则，根据学校学生违纪处分办法相关规定，经研究决定，给予警告处分。

（5）校园活动文明行为

· 增强环保意识，爱护校园环境。不得在校园内乱张贴海报、宣传画。

· 不践踏草坪，不攀折花草，不私摘花果。

· 进入校门时主动出示有效证件，骑自行车者自觉下车推行。在校园内将自行车按指定地点有序停放。

· 在校园内骑车应互相礼让，避让行人。不得在校园内骑快车。

· 上下楼、过楼道靠右行，出入教室、办公室、会场等场所时按指定线路行走。

· 遇到熟人要打招呼，互致问候；需要交谈，应靠路边谈话，不站在道路当中或人多拥挤的地方。

· 行人互相礼让，主动给长者、残疾人和有需要的人让路。

· 向别人打听道路，应先用礼貌语言打招呼。如果被陌生人问路，则应认真、仔细回答；自己不清楚，应主动道歉。

· 上下电梯应主动排队，先出后进。如遇电梯超载，后进者应主动退出电梯等待。

· 进电梯应遵循"尊老爱幼""老师优先"的原则。应主动帮助不便者按电梯楼层按钮。

· 不得在电梯里抽烟、大声喧哗、嬉戏，不乱蹦乱跳，以免触发安全装置误判导致乘客被困在轿厢内，影响电梯正常运行。

· 自尊自爱，举止言行得当。

7.3.3　礼仪文明篇

礼仪作为一种有效的沟通交流手段，有助于赢得别人的信赖，建立良好的人际关系，从而获得更多更好的发展机会。对于在校大学生来说，适当掌握一些基本的社交礼仪，学礼、懂礼、守礼、用礼，不可或缺。

（1）握手礼节

握手时要注意握手顺序，讲究"尊者决定"，即长辈、老师、女士应先伸手。要注意用力适当，时间适度。与人握手，一般3秒钟左右即可，并说"您好"。

（2）介绍礼节

介绍礼仪讲究"尊者为先"的原则，在正式场合，以领导、老师为先；在非正式场合，以年长者和女士为先。

（3）交谈礼节

交谈是社交活动必不可少的内容，交谈中要注意谈话的态度、措辞，顾及周围的环境、场合，更要讲究所谈内容及艺术性。掌握好交谈的气氛。交谈中，态度要诚恳，开诚布公；神态要专注，正视对方。

（4）电话礼节

拿起话筒后，应当先向对方问好，随后作自我介绍，以便对方确定没有打错电话。从原则上来讲，电话应由发话人挂断，因此受话人不宜先放下话筒。

（5）遵从交往礼节

男女生之间要文明交往、举止得体。避免使用不礼貌的口头语，尊重他人的宗教信仰和民族风俗习惯。

（6）养成良好的站姿

站立时，身体应与地面垂直，重心放在两个前脚掌上，挺胸、收腹、抬头、双肩放松，双臂自然下垂或在体前交叉，眼睛平视，面带笑容。

（7）养成良好的坐姿

正确的坐姿应该是腰背挺直，肩放松。女性应两膝并拢；男性膝部可分开一些，但不要过大，一般不超过肩宽。双手自然放在膝盖上或椅子扶手上。

（8）养成良好的走姿

正确的走姿是：轻而稳，胸要挺，头要抬，肩要放松，两眼平视，面带微笑，自然摆臂。

下篇

梦想启航，就业创业

第八章　资助与社保

8.1　高校资助工作发展历程与趋势

大学生资助是指政府、企业、团体以及个人利用一定的资源，通过特定的手段，支持教育、帮助家庭经济困难的学生顺利完成学业的政策。资助以保障家庭经济困难的大学生顺利完成学业为起点，以培养素质全面的高级专门人才为目标，具有很强的政策性，同时又具有公共性、导向性和救助性。国家助学体系包括奖学金、助学贷款、勤工助学、特殊困难补助、减免学费、"绿色通道"等。高校资助工作发展历程经历了四个阶段，分别是助学金为主的阶段、奖学金与助学金并存阶段、贷学金与奖助学金并存阶段和"奖、助、贷、补、减、免、通"多元混合阶段。

8.1.1　助学金为主的阶段（20 世纪 50 年代初至 1983 年）

1950 年 6 月，全国第一次高等教育会议召开，开始探讨中华人民共和国成立后我国高等教育的方针和建设方向，此次会议标志着学生资助工作开始登上历史的舞台。

（1）助学金的概念

助学金是为了帮助有经济困难的学生完成学业的一种经济资助形式。它主要来源于政府、学校、慈善机构和企业提供的学费、生活费和其他相关学习费用等方面的资助。

（2）助学金的特性

虽然各国对助学金的称呼不尽相同，但是其表现特性大体一致，主要表现在以下几方面。

① 资助对象具有唯一性

助学金的资助对象非常明确，即家庭经济条件困难的学生。这也是助学金设立的最初目的。因此，所有符合资助条件的在校大学生均可申请助学金。高校通过助学金的发放帮助家庭经济困难学生完成大学学业。由于资助对象的唯一性，高校要进行严格的家庭经济困难学生认定工作，核查每位资助对象的家庭经济情况，并参照家庭经济困难学生认定条件筛选出符合标准的资助对象。因此，经济状况应作为助学金评定等级最为重要的参考指标。

② 无偿性

助学金具有无偿性，即无须归还。国家助学金是为了体现党和政府对普通本科高校、高等职业学校与高等专科学校家庭经济困难学生的关怀，是中央和地方政府共同出资设立的，用来资助家庭经济困难的全日制普通本专科（包括高职、第二学士学位）在校学生的助学金。

③ 持续性

助学金的资助模式是持续、发展的，助学金完全以"输血"式发放，政府每年都需要投入大量资金。

8.1.2 奖学金与助学金并存阶段（1983—1986 年）

这段时期，我国资助工作体系在之前的基础上有所改革和推进，1983 年 7 月，教育部、财政部颁布了《普通高等学校本、专科学生人民助学金暂行办法》《普通高校本、专科学生人民奖学金试行办法》，设立了奖学金制度，激励和引导学生勤奋学习、努力进取，此后，资助的方向越来越倾向于奖学金制度。

（1）奖学金的概念

奖学金是政府、高校以及社会其他资助机构为奖励优秀在校大学生设立的奖项。奖学金在世界范围内的高校中都较为普遍，也是世界最早的大学生资助方式之一。

（2）奖学金的特性

奖学金项目推行的初衷是奖励学业优秀的学生，鼓励大学生们奋发图强，积极上进，在经济上支持优秀学子完成大学学业。在各国设立的不同奖学金中，我们发现奖学金具有如下几个特性。

① 申请具有竞争性

奖学金设立的宗旨是激励优秀学生，奖学金不同于助学金的特征之一就是它只是给予优秀学生的奖励，与学生自身家庭经济情况没有任何关系。学生获得奖学金的等级与自身学业的优秀程度一致，越是优秀，越能申请到高级别的奖学金。受奖学金名额的限制，这一环节需要申请者公开展示自己的优秀成果，申请该奖学金的优秀学子需要通过竞争来最终确定获奖资格。

② 设定需要明确的规范性

奖学金的种类繁多，针对各个领域表现优秀的学子，会设立不同类别的奖学金项目。这就需要针对不同类别的奖学金明确评定条件。如学习优秀奖学金，是针对学业测试优秀的学生设立的，评定的范围、条件、标准应有明确的规范。如单项奖学金，是针对在科技创新等领域有突出表现的学生设立的，应设立相应的评定范围、条件及标准。

③ 在资助体系中不具主导性

奖学金的受惠范围仅限于优秀学子，无法兼顾家庭经济条件贫困的学生，这与实现高等教育公平的理念不相符。由于奖学金具备的竞争性特质，不能保证贫困学子拥有同等的受教育机会。为了保障全国贫困学子的受教育机会，奖学金在资助体系中不可能占据主导地位。但奖学金激励优秀学子的作用也是其他资助方式不能替代的，在资助体系中仍然发挥重要的作用。

（3）助学金与奖学金并存后的主要效果

助学金这种输血式的资助方式只能一次性地缓解贫困学子的经济压力，不能激发他们的学习热情，更不能有效激励贫困学子努力拼搏，最终实现脱贫。奖学金的设立改变了这一困境，奖学金以学业成绩优异为基础，激发了广大在校生的学习热情，有效弥补了助学金仅资助家庭经济条件困难的学生所留下的遗憾。但奖学金不可能在资助体系中占主导地位，许多国家也在探寻更科学的资助方式，既可以使更多家庭经济困难的学生受到资助，又可以激励他们积极向上、奋发图强。如我国的国家励志奖学金，是为了激励普通本科高校、高等职业学校和高等专科学校的家庭经济困难学生勤奋学习、努力进取，在德、智、体、美等方面全面发展，由中央和地方政府共同出资设立的，奖励资助品学兼优的家庭经济困难学生的奖学金。这部分受表彰的学生，不仅代表优秀学生，还能代表贫困学生，极大地激发了家庭经济困难学生的学习热情。此外，美国学者鲍姆认为，现在比较成功的办法是把奖学金纳入一个"资助包"，奖学金可以包含在具有奖学金、助学金、贷学金、校园工读等多种成分的"资助包"中，以优化助学金的构成成分。

8.1.3　贷学金与奖助学金并存阶段（1986—1988 年）

1986 年，在《关于改革现行普通高校人民助学金制度的报告》文件中正式取消了人民助学金制度。1987 年，先后颁布《普通高等学校本、专科学生实行奖学金制度的办法》和《普通高等学校本、专科学生实行贷款制度的办法》，将奖学金类别细化为优秀奖学金、专业奖学金和定向奖学金，又首次提出了校内无息贷款的制度，用于资助困难学生的生活费，从高校设立的"奖贷基金账户"中列支。奖贷并存的资助模式突破了人民助学金制度中平均主义思想的牢笼，是资助工作体系向内涵发展的一个重大转变。

（1）贷学金的概念

贷学金是指政府提供贷款，让贫困学生求学深造。最早使用贷学金资助方式的国家是丹麦和瑞典。在我国，贷学金演变为生源地信用助学贷款。生源地信用助学贷款是指国家开发银行等金融机构向符合条件的家庭经济困难的普通高校新生和在校生发放的贷款，学生和家长（或其他法定监护人）向学生入学户籍所在县（市、区）的学生资助管理中心或金融机构申请办理，帮助家庭经济困难学生支付在校学习期间所需的学费、住宿费。生源地信用助学贷款为信用贷款，不需要担保和抵押，学生和家长（或其他法定监护人）为共同借款人，共同承担还款责任。

（2）贷学金的特性

贷学金区别于奖助学金，它有如下几个特性。

① 更具灵活自主性

贷学金由学生自主选择，灵活、便捷，免去了很多复杂的申请流程，更不需要担保和抵押。贷款额度可根据自身家庭经济情况以及所需学费、生活费，由学生自主选择。此外，生源地信用助学贷款的期限按学制加 10 年确定，最长不超过 14 年。学生在校期间和毕业后 2 年为"不还本金、只付利息"的宽限期。若学制超过 4 年，或应届毕业生攻读研究生学位、第二学士学位的，相应延长宽限期，但不调整贷款期限。

② 是推迟付款性的资助

贷学金区别于奖助学金的最大特性就是奖助学金是对学生的赠与性资助，不具有附加条件；而贷学金是需要支付贷款本息的，需要学生按期还利息。这大大减轻了借款人的经济负担，又不会影响其正常的学习生活。

③ 更具公平性与效率性

助学金只能一次性地资助学生，贷学金的推行解决了学生入学时不能支付学费、生活费的困境，又能促进家庭经济困难学生在毕业工作后承担教育成本，还起到了为下一代肩负起社会责任的积极作用。贷学金的推行大大减轻了财政压力，又可在资助体系中形成良性循环，保证了资助体系的正常运转。

（3）贷学金与奖助学金并存后的主要效果

贷学金与奖助学金的并存，大大弥补了奖助学金一次性资助效果的缺陷。贷学金具备几大优势：第一，贷学金可以有效节省开支，减轻纳税人的负担。贷学金的推行可以将政府的资助资金有效回收，进而帮助更多的贫困学子完成学业，改变了以往奖助学金投入大、负担重、一次性的资助困境。第二，贷学金比奖助学金更具公平性。贷学金在特性中显示出了灵活自主性、公平性和效率性。奖助学金只能惠及一部分资助对象，而贷学金的惠及面更广，且申请环节灵活、简单。第三，贷学金更能激发资助对象的社会责任意识。这一点是奖助学金无法比拟的，贷学金要求资助对象毕业后返还资助本息，这是在实际操作上要求资助对象分担教育成本。毕业后的受助对象已然具备还款能力，他们也更愿意为资助事业贡献自己的力量。

8.1.4　"奖、助、贷、勤、免、补、通"多元混合阶段（1989 年至今）

1989 年发布的《普通高校收取学杂费和住宿费的规定》，打破了高校免费教育的模式，实行以国家任务计划招生为主、以招收委托培养生和自费生为辅的"双轨制"。1993 年发布的《关于对高等学校生活特殊困难学生进行资助的通知》，规定各高校从"奖贷基金"或"专业奖学金"中提取困难补助经费，用于补助生活特别困难的学生。1994 年发布的《关于在普通高校设立勤工助学基金的通知》，明确要求各高校设立勤工助学基金，同时中央还对"招生并轨"高校划拨资金设立勤工助学经费，倡导为家庭经济困难学生设立勤工助学岗位以补贴生活费开支，用工助学是资助工作体系历史上的创新之举。1995 年下发《关于对普通高校经济困难学生减免学杂费有关事项的通知》，针对孤残、烈士子女或其他困难学生实施减免学费的政策，从源头上解决了困难学生上学难的问题，彰显了资助政策应对高校收费制度调整的灵活性的特点。

1999 年，第三次全国教育工作会议提出"积极发展高等教育，扩大招生规模"。同年，全国高校新生中家庭经济困难的学生达几十万人。为帮助家庭经济困难的学生顺利入学，教育部制定下发了《关于下达 1999 年国家助学贷款额度及有关事项的通知》，确定在北京等 8 个城市进行国家助学贷款改革试点，借助第三方金融机构搭建国家助学贷款平台。2000 年，教育部要求各高校建立"绿色通道"制度，先将贫困学生领进高校的大门，再解决资金问题。2007 年 5 月，国务院出台《关于建立健全普通本科高校、高等职业学校和中等职业学校家庭经济困难学生资助政策体系的意见》，对高等学校家庭经济困难学生资助政策体系做了总体架构。2010 年《国家中长期教育改革和发展规划纲要（2010—2020）》颁布实施后，教育部和财政部会同有关部门相继制定了一系列资助高校经济困难学生的政策和措施，在我国高校中逐步建立起了以奖学金、学生贷款、勤工助学、特殊困难补助和学费减免（简称

"奖、贷、助、补、减"）为主体的多元化的资助经济困难学生的政策体系，这在制度上保障了高校家庭经济困难学生顺利入学并完成学业。2018年，教育部、财政部修订了《高等学校勤工助学管理办法》，这是高校资助方式多元发展的一种体现。认定家庭经济困难学生是实现精准资助的前提，是做好学生资助工作的基础。2018年10月，教育部等六部门出台了《关于做好家庭经济困难学生认定工作的指导意见》，这一政策的出台为各高校家庭经济困难学生认定工作提供了更明确的指导意见。2021年，中央财政出资10亿元，将国家奖学金分化为国家助学金和国家奖学金两种形式，资助规模空前扩大，达到58万余人。至此也就形成了以国家助学贷款为主体，奖学金、勤工助学、学费减免、绿色通道相互配合的混合资助工作体系。2021年，为推进国防和军队的现代化建设，发布了《应征入伍服义务兵役高等学校毕业生学费补偿和国家助学贷款代偿暂行办法》，对于高校入伍的同学实行学费补偿和国家助学贷款代偿的政策，不仅可以解决家庭经济困难学生的学费问题，还为他们提供了职业发展选择。2021年，财政部、教育部印发《高等学校毕业生学费和国家助学贷款代偿暂行办法》的通知，进一步规范和加强了学生资助管理工作，不断提升学生资助精准化水平，更好地落实学生资助政策。至此就形成了一直沿用至今的以"奖、助、贷、勤、免、补、通"为主体的多元混合的资助政策体系（图8-1）。

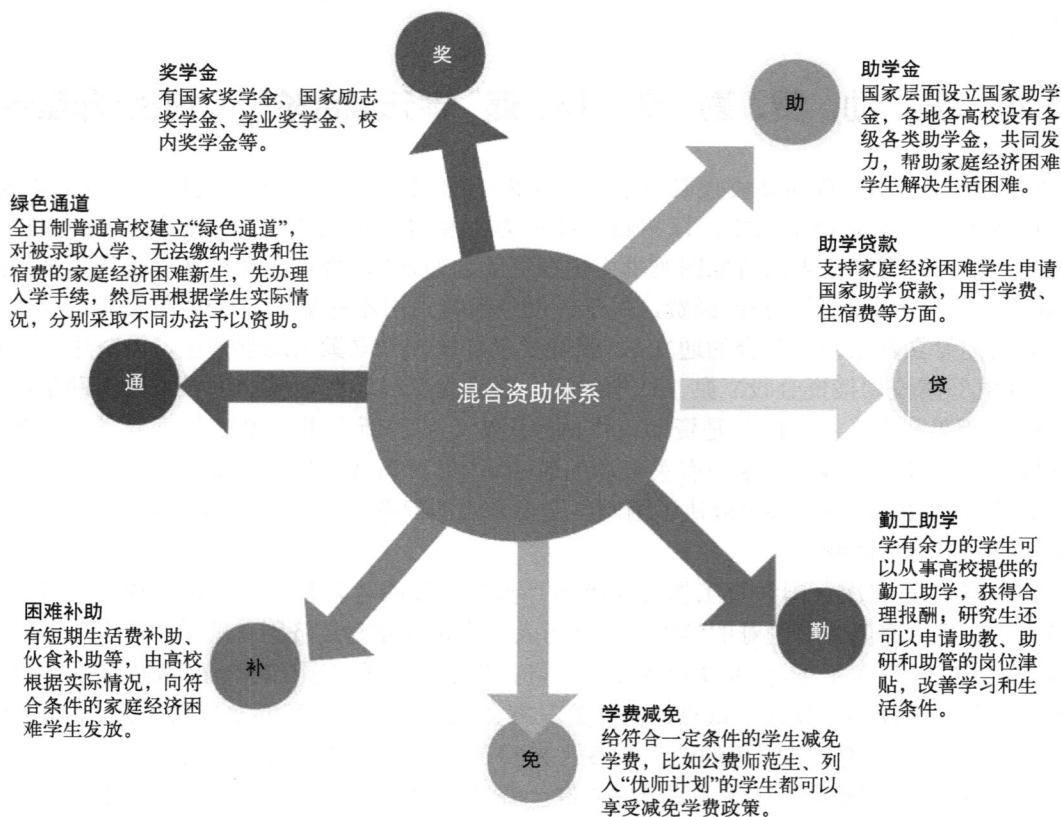

奖学金
有国家奖学金、国家励志奖学金、学业奖学金、校内奖学金等。

助学金
国家层面设立国家助学金，各地各高校设有各级各类助学金，共同发力，帮助家庭经济困难学生解决生活困难。

绿色通道
全日制普通高校建立"绿色通道"，对被录取入学、无法缴纳学费和住宿费的家庭经济困难新生，先办理入学手续，然后再根据学生实际情况，分别采取不同办法予以资助。

助学贷款
支持家庭经济困难学生申请国家助学贷款，用于学费、住宿费等方面。

混合资助体系

困难补助
有短期生活费补助、伙食补助等，由高校根据实际情况，向符合条件的家庭经济困难学生发放。

勤工助学
学有余力的学生可以从事高校提供的勤工助学，获得合理报酬，研究生还可以申请助教、助研和助管的岗位津贴，改善学习和生活条件。

学费减免
给符合一定条件的学生减免学费，比如公费师范生、列入"优师计划"的学生都可以享受减免学费政策。

图8-1　混合资助体系

在资助体系发展的几十年中，该体系已经受到了许多的考验。高等教育并非义务教育，高等教育的利益由社会和个人共享，需要各方利益主体来共同分担教育成本。纵观我国高校资助工作体系的整个发展历程，从单一的免学费助学到多元混合体制，从政府导向到银行、民间融资配合，从入学保障到毕业保障，从完成学业到就业引导，已形成一体化的资助工作保障体系。国家助学贷款、学费减免、绿色通道基本解决了学费、住宿费问题，奖学金、助学金、勤工助学提供了上学期间的生活保障，应征入伍和退役士兵补偿、基层就业补偿为就业发展提供物质基础，"上学难"已成为历史性的概念。大学生资助多元混合阶段经过几十年的探索，以及吸收世界各国资助改革的经验，随着教育发展演变至此，国家资助政策转变为目标性资助，更加注重资助的"效能"，更强调贷学金的资助方式。我们正朝着建立一个公平、有效的大学生资助体系不断迈进。

8.2　学生资助类型

国家在高等教育本专科阶段建立起国家奖学金、国家励志奖学金、国家助学金、国家助学贷款等多种形式有机结合的高校学生资助政策体系，同时实施家庭经济困难新生入学"绿色通道"。高校学生资助政策体系的基本内容如图 8-2 所示。

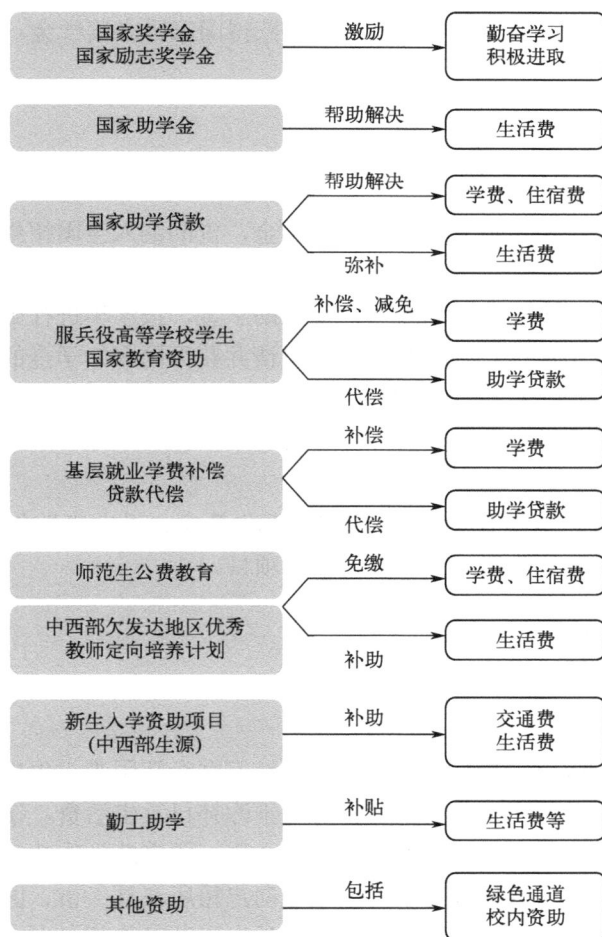

图 8-2　高校学生资助政策体系

8.2.1 本专科生奖学金

（1）本专科生国家奖学金

中央政府出资设立高校国家奖学金，奖励纳入全国招生计划内的特别优秀的全日制普通本专科（含高职、第二学士学位）在校生，颁发国家统一印制的荣誉证书。学生无论家庭经济是否困难，只要符合规定条件，均可获得国家奖学金。国家奖学金按学年进行申请，符合条件的学生可在9月向就读高校提出申请。同一学年内，获得国家奖学金的家庭经济困难学生可以同时申请并获得国家助学金，但不能同时获得国家励志奖学金。试行免费教育的教育部直属师范院校师范类专业学生符合规定条件的，同样可以获得国家奖学金。

（2）本专科生国家励志奖学金

中央和地方政府共同出资设立国家励志奖学金，用于奖励纳入全国招生计划内的品学兼优、家庭经济困难的二年级及以上全日制普通本专科（含高职、第二学士学位）在校生。按学年进行申请，符合条件的学生可在9月向就读高校提出申请。同一学年内，申请国家励志奖学金的学生可以同时申请并获得国家助学金，但不能同时获得国家奖学金。试行免费教育的教育部直属师范院校师范类专业学生不再同时获得国家励志奖学金。

8.2.2 助学金

（1）国家助学金

中央和地方政府共同出资设立高校国家助学金，资助纳入全国招生计划内的家庭经济困难的全日制普通本专科生（含预科、高职、第二学士学位学生，不含退役士兵学生）在校生。全日制在校退役士兵学生全部享受本专科生国家助学金，按学年进行申请，符合条件的学生可在9月向就读高校提出申请。同一学年内，申请并获得国家助学金的学生，可同时申请并获得国家奖学金或国家励志奖学金。试行免费教育的教育部直属师范院校师范类专业学生，不再同时获得国家助学金。

（2）其他社会资助

学校利用从事业收入中提取的资金以及社会捐助资金，设立奖学金、助学金、困难补助、伙食补贴、校内无息借款、学费减免等校内资助项目。

8.2.3 助学政策

（1）国家助学贷款

国家助学贷款是由政府主导，金融机构向高校家庭经济困难学生提供的信用贷款，优先用于支付在校期间学费和住宿费，超出部分可用于弥补日常生活费，在校期间利息由国家承担。助学贷款期限为学制加15年，最长不超过22年。国家助学贷款分为生源地信用助学贷款和校园地国家助学贷款，有贷款需求的学生可向户籍所在县（市、区）的学生资助管理部门咨询办理生源地信用助学贷款，或向就读高校学生资助管理部门咨询办理校园地国家助学贷款。借款学生同一学年内不能同时申请生源地信用助学贷款和校园地国家助学贷款。

（2）新生入学资助项目

中央专项彩票公益金教育助学项目滋蕙计划（原新生入学资助项目），由财政部、教育部委托中国教育发展基金会具体实施。中西部生源的家庭经济特别困难的新生可申请入学资助项目，解决入学报到的交通费和入学后短期生活费，学生可向当地县级教育部门咨询办理。

（3）勤工助学

高校学生在学有余力的前提下，可以利用课余时间参加高校组织的勤工助学活动，通过劳动取得合法报酬，改善学习和生活条件等。学生参加勤工助学不应当影响学业，原则上每周不超过 8 小时，每月不超过 40 小时。学生参加校内固定岗位的勤工助学，其劳动报酬由学校按月计算。每月 40 个工时的酬金原则上不低于当地政府或有关部门制定的最低工资标准或居民最低生活保障标准，可以适当上下浮动。

8.2.4　学费代偿政策

（1）服兵役高等学校学生国家教育资助

对应征入伍服义务兵役、招收为士官、退役后复学或入学的高等学校学生实行学费补偿、国家助学贷款代偿、学费减免。学费补偿或国家助学贷款代偿金额，按学生实际缴纳的学费或用于学费的国家助学贷款（包括本金及其全部偿还之前产生的利息）两者金额较高者执行；复学或新生入学后学费减免金额，按高等学校实际收取学费金额执行。

（2）基层就业学费补偿贷款代偿

国家对中央部门所属全日制普通高等学校应届毕业生，自愿到中西部地区、艰苦边远地区和老工业基地县以下基层单位就业、服务期在 3 年以上（含 3 年）的，补偿学费或代偿用于学费的国家助学贷款。地方高校毕业生学费补偿贷款代偿由各地参照中央政策制定执行。

【阅读材料】

小王家乡位于四川省凉山州，大学就读于一所省属高校。毕业当年考上了家乡的选调生，在基层服务 3 年后，他提交了学费代偿材料，根据四川省的政策，减免了大学 4 年的学费。

小孔是省属高校土木类专业的学生，毕业后选择了国企，项目部在广西的一个偏远山区，他向广西相关部门提交了学费代偿材料，减免了大学 4 年的学费。

（3）师范生公费教育——中西部欠发达地区优秀教师定向培养计划

北京师范大学、华东师范大学、东北师范大学、华中师范大学、陕西师范大学和西南大学六所教育部直属师范大学的公费师范生，以及中西部欠发达地区优秀教师定向培养计划（简称优师计划）师范生，在校期间不用缴纳学费、住宿费，还可获得生活费补助。有志从教并符合条件的非师范专业优秀学生，在入学两年内，可按规定转入公费师范专业，高校返还学费、住宿费，并补发生活费补助。

8.2.5　其他奖助学金政策

为切实保证高校家庭经济困难学生顺利入学，各全日制普通高校都建立了"绿色通道"

制度。家庭经济特别困难的新生如暂时筹集不齐学费和住宿费，可在开学报到时通过高校开设的"绿色通道"先办理入学手续。入学后，高校资助部门根据学生具体情况开展困难认定，采取不同措施给予资助。

【阅读材料】

四川省慈善联合总会与四川省民政厅、省教育厅、共青团省委自2005年起共同举办的"放飞梦想，托起四川希望的明天——四川慈善·福彩帮困助学"活动，在全省持续开展，帮助困难家庭子女梦圆大学，取得较大的社会反响，并荣获最高规格的慈善奖项"中华慈善奖"。通过政府倡导、慈善组织运作、社会力量捐助，助力成长项目旨在帮助我省部分品学兼优但家境贫寒的学生顺利完成学业，步入社会。在学生受助期间，省慈善联合总会将开展形式多样的主题活动，定期联系受助学生，了解他们在校期间的生活、学习情况，给予更多心理上的关爱和支持；对接爱心企业为贫困学生提供假期工作和实习岗位，帮助他们自立自强，通过自己的努力改变自己的人生，种下慈善的种子。

8.3　参加社会保险

医疗保障是减轻群众就医负担、增进民生福祉、维护社会和谐稳定的重大制度安排。习近平总书记指出，要加快建立覆盖全民、城乡统筹、权责清晰、保障适度、可持续的多层次医疗保障体系。我国已建成全世界最大、覆盖全民的基本医疗保障网，为全面建成小康社会、实现第一个百年奋斗目标作出了积极贡献。

8.3.1　大学生医保的概念

大学生医保即大学生医疗保险，属于城乡居民基本医疗保险的范畴，因面向的是在校大学生，所以称之为"大学生医保"，这是国家专门针对高校大学生的一项政策性的社会保障，旨在提高大学生医疗保障，减轻大学生经济负担。

城乡居民基本医疗保险是整合城镇居民基本医疗保险（简称城镇居民医保）和新型农村合作医疗（简称新农合）两项制度，建立统一的城乡居民基本医疗保险（简称城乡居民医保）制度。

8.3.2　大学生医保的性质

大学生是居民医保中的一个特殊群体，大学生医疗保险属于城乡居民基本医疗保险的范畴，是一项由政府和个人共同筹资，以住院为主，兼顾门诊的医疗保险，它不同于商业保险，是国家政策性社会保障体系的重要组成部分。

大学生医疗保险调剂金主要用于支付超过当地城镇居民基本医疗保险最高支付限额的费用、疑难或重大疾病的医疗费用和对家庭经济困难学生的个人负担医疗费用补助，以及各统筹地区大学生基本医疗保险住院及门诊特大病统筹基金超支部分的补助。

【阅读材料】

国家医保局会同财政部、国家税务总局印发的《关于做好 2023 年城乡居民基本医疗保障工作的通知》（医保发〔2023〕24 号）统筹考虑经济社会发展、医药技术进步、医疗费用增长和居民基本医疗保障需求等因素，按照全国人大审查通过的《关于 2022 年中央和地方预算执行情况与 2023 年中央和地方预算草案的报告》有关要求，明确 2023 年城乡居民基本医疗保险（以下简称"居民医保"）筹资标准为 1020 元，其中人均财政补助标准达到每人每年不低于 640 元，个人缴费标准每人每年 380 元。

8.3.3　大学生参保的意义

全民医保是中国特色基本医疗卫生制度的基础，大学生参加基本医保是全民医保的重要组成部分，对于建立健全覆盖全民的医疗保障体系、保障大学生就医权益、提高大学生健康水平具有重要意义。它不同于商业保险，是国家政策性社会保障体系的重要组成部分。大学生纳入城乡居民基本医疗保险，保证了国家建立覆盖城乡居民医疗保障体系的无缝衔接。可以通过更大范围的社会互助共济来解决大学生的医疗费用问题，提高大学生医疗保障水平，减轻高校和家庭的负担。在校大学生均可参保，同时解决不同学校学生享受的医疗保障待遇差别较大的问题。参保范围涵盖省内各类高校（包括民办高校、独立学院）、科研院所的在校本专科学生及非在职研究生，特别是对于民办高校和独立学院来说，凸显了教育公平。

大学生医保可报销符合规定的住院和门诊特大病、普通门诊、慢性病病种的医疗费用。大学生有患病率较低、患大病时有发生、突发伤害事故较多、无收入来源、垫付能力弱等特点。商业保险模式在一定程度上缓解了大学生就医困难的问题，但商业保险主要解决学生突发伤害、患大病的门诊以及住院的医疗保障问题，而没有解决学生的普通门诊医疗保障问题。

【阅读材料】

为进一步保障大学生基本医疗需求，提高大学生健康水平，贯彻落实党的二十大关于"扩大社会保险覆盖面"重要精神和《国务院办公厅关于印发"十四五"全民医疗保障规划的通知》有关要求，2023 年，国家医保局联合教育部印发《关于做好大学生参加基本医疗保险相关工作的通知》，以进一步提高大学生参保水平。2023 年 2 月 28 日，国家统计局发布的《中华人民共和国 2022 年国民经济和社会发展统计公报》显示：2022 年，参加城乡居民基本医疗保险人数为 98328 万人，其中大学生参保人数为 1935 万人。

8.3.4　大学生医保的特点

大学生医保参保缴费手续比较简单，一般由学校统一办理参保缴费手续，办理后，在校大学生可以享受到包括门诊、急诊、住院等多重医保待遇，具有零门槛、没有等待期、报销范围广和可异地报销等特点。

（1）零门槛

大学生参保没有"门槛"，不需要事先体检，符合参保条件的各类学生均可参加大学生医保，即使是因病休学但仍保留学籍的大学生，也可继续参加大学生医保。

（2）没有等待期

在规定时间内参保后，从入学当年 9 月 1 日起就开始享受待遇，没有等待期的限制，即参保即享受。

（3）报销范围广

大学生基本医疗保险不建立个人账户，主要支付其符合规定的住院和门诊特大病的医疗费用。考虑到大学生的特点和实际，其门诊特大病保障范围在统筹地区城乡居民基本医疗保险制度规定的基础上，适当予以放宽，其中，包括肾透析、恶性肿瘤、精神病、血友病、再生障碍性贫血和器官移植抗排异治疗等病种都在保障范围内。

（4）可异地报销

在医保待遇享受期内转学、休学、退学的，其医疗保险待遇不受影响，可继续享受当年度的医疗保险待遇。在假期、实习期间在异地就医可报销。

8.3.5 大学生医保的办理方式

大学生参保不受户籍所在地的限制，以学籍作为参保依据，学籍所在的高校为其办理参保登记和缴费手续。大学生在所在高校医保经办部门办理参保登记手续，需要缴纳的大学生基本医疗保险费，由所在高校医保经办部门代为收缴。大学生基本医疗保险施行后，如果符合参保条件的大学生未按要求在规定时间内办理参保登记和缴费手续的，以后参保时除正常缴费外，待遇享受期会存在一定的等待时间。大学生参保缴费后，在医保待遇享受期内转学、休学，其医疗保险待遇不受影响。转学的大学生在第二年应参加转入高校的大学生医保，休学的大学生还应在本校继续缴纳医保费。对于因各种原因被取消学籍、办理退学的大学生，在享受完当年度的医疗保险待遇后，高校不再为其办理参保缴费。

8.3.6 参保大学生就医时如何选择医疗机构

大学生应就近选择参保时城乡居民基本医疗保险的定点医疗机构就医。就医时，要携带本人的身份证、学生证。如因急诊抢救未在定点医疗机构就医，应在 3 个工作日内报高校医保经办部门备案。

异地就医费用报销：所发生的医疗费用先由大学生个人垫付，出院后将相关资料报送校医保办公室，医保办上报医疗保险管理中心进行报销。在本市三级以上医院多次检查会诊仍未确诊的疑难病症、本市无条件（设备或技术）进行检查的治疗项目或无足够条件抢救治疗的危重伤病员等情况可以转诊到市外治疗。市外转诊所发生的医疗费用先由参保大学生垫付，出院后凭市外转诊申请表、出院疾病诊断书、住院病历复印件和其他有效单据，经转出医院审核，连同上述资料由高校医保经办部门报送市医疗保险经办机构复核结算。

【阅读材料】

学生医保：在校大中专学生、中小学生、幼儿通过校方购买的医疗保险。

普通医保：一般指基本医疗保险，是为了补偿劳动者因疾病风险造成的经济损失而建立的一项社会保险制度。通过用人单位与个人缴费，建立医疗保险基金，参保人员患病就诊发生医疗费用后，由医疗保险机构对其给予一定的经济补偿。

8.4　勤工俭学

8.4.1　勤工俭学的概念

从字面意思看，"勤工俭学"是以两部分组成的，即"勤工"和"俭学"。"勤工"指辛勤工作，"俭学"指节俭花费支持学业。勤工俭学是一边求学读书，一边工作劳动，它是学校实施劳动教育活动的形式之一。它与教学活动、科技活动、文体活动和公益劳动一样，都是学校教育活动的一种。广义的勤工俭学指在寒暑假等课余时间参加各种劳动，是利用业余时间工作赚取报酬，维持并改善学习生活条件的一种方式。

8.4.2　勤工俭学的作用与意义

勤工俭学是学校学生资助工作的重要组成部分，是提高学生综合素质和资助家庭经济困难学生的有效途径，是实现全程育人、全方位育人的有效平台。随着国家教育体制的改革和素质教育的全面铺开，勤工俭学成为学生实践活动的重要环节，它将帮助学生顺利完成学业，及时而又满意地就业或更好地创新创业，在同学们的学习生涯中具有重要的作用和意义。

（1）增加收入，减轻家庭经济负担

通过假期勤工俭学，可以实现自身价值，理解父母养育的艰辛，从自己的劳动中理解父母的辛苦，磨炼个人意志，增强吃苦耐劳的能力，培养一颗感恩父母的心。大学生在校期间的花费都由其父母提供，许多学生不理解家长的艰辛，更谈不到怀有一颗报恩、感恩之心。通过勤工俭学，学生可以用自身的劳动，增加自己的收入，实现自己的价值，切实体会生活的艰辛。从心理上感知父母身心的艰辛，激励自己好好学习、发奋成才的决心，同时也在一定程度上减轻父母的经济压力，为自己毕业后进入社会，走向工作岗位积累经验，奠定基础，在心理上有所准备。

（2）提高身体素质，释放紧张情绪

勤工俭学，工作环境的多样性及工作制度的强制性，可以让同学们的作息更有规律，有利于身体素质的提高和锻炼。此外，还可以对工作所在地的风土人情、风俗习惯有一个比较实际的了解，进一步拓宽视野，学习更多的社会知识，这是学校生活所不能实现的。在勤工俭学中，学生还可以让长期在校园内紧张的思想情绪得到释放。

（3）了解社会，明确自身定位

通过勤工俭学活动，可以扩大同学们的社会接触面，将所学的一些书本理论知识与工作实践相结合，或者在实际工作中发现自己知识能力的薄弱环节，返校后有针对性地进行学习锻炼和提高，切实做到学以致用，充实自己的思想。同时，学生可对社会有更加明了的认识，更加全面地了解社会工作和就业的不完美之处，破除理想主义，才能更好地定位自己将来的发展方向，更好地适应社会。

（4）适应社会，积累人际关系和社会经验

在当下社会中，人脉即财富。勤工俭学活动也是对自己的学习能力和社会适应能力的一次检验，是自己才华的一次展示。在实践中可以发现自己的长处和不足，以便更好地塑造自己，提高应变能力。在和人的交往中，可以增强人际交往能力，为自己走向社会积累一定的人脉资源和社会经验，提高毕业后的社会适应能力。

积极参与勤工俭学活动，在实践中挑战自我、升华自我，使自己在生活中能够自立、自强、自爱，成为一个真正品学兼优的人才，为个人谋发展、为家庭减压力、为社会作贡献，真正成为一个对国家、对社会、对家庭有用的栋梁之材。

8.4.3　常见的勤工俭学岗位及要求

通过调查高等学校现实情况，勤工俭学工作种类主要有图书馆助理、教育培训助理、行政助理等，不同类型的学校有不同类型的勤工俭学岗位。在众多岗位类型中，以下几种岗位类型比较常见。

（1）图书馆助理

图书馆是学校最重要的场所之一，每天都有大量的学生在这里借阅书籍或自习。因此，图书馆助理是学生比较喜欢的一种勤工俭学岗位。图书馆助理的主要工作是负责图书馆的布置、书籍的归还和借阅，以及咨询等工作。同时，图书馆助理还需要学习图书馆管理知识，熟悉图书馆各项规章制度，为读者提供优质的服务。

（2）校内代理

校内代理是一种比较受欢迎的勤工俭学岗位，主要是负责学校内各种商品的销售。校内代理可以是学校的食堂、超市、书店等商家的代理，也可以是学生会、社团等团体的代理。校内代理需要学生具备良好的沟通能力和销售技巧，同时需要了解商品的特点和销售策略。

（3）教育培训助理

教育培训助理是一种比较专业的勤工俭学岗位，通常是学生在教育机构或培训机构担任的助理。教育培训助理需要学习教育学、心理学等相关知识，负责帮助老师管理教学内容、策划课程、协调家长与学生之间的关系等。同时，教育培训助理还需要具备一定的教学能力，能够熟练掌握课程内容，为学生提供有针对性的指导。

（4）行政助理

行政助理是一种比较常见的勤工俭学岗位，主要是负责学校行政部门的工作。行政助理需要具备一定的管理能力和组织能力，负责协助行政部门开展各项工作，包括会议组织、文件管理、资料整理等。同时，行政助理还需要具备良好的沟通和协调能力，能够处理好与不同部门、人员之间的关系。

（5）实验助理

实验助理是一种比较专业的勤工俭学岗位，主要是负责实验室的管理和实验项目的协助工作。实验助理需要学习科学知识、安全知识和实验操作技能，负责实验室的设备管理、协助实验项目和安全管理等工作。实验助理需要具备严谨的工作态度和细致的工作习惯，能够保障实验室的安全和实验项目的顺利开展。

以上是一些高等院校中常见的勤工俭学工作，不同学校和地区的情况可能会有所不同。可以根据自己的兴趣和专业背景选择适合自己的勤工俭学工作。

【案例分享】

榜样在身边——国家奖学金获奖学生风采

包某，男，某省属大学城乡规划专业本科学生，大学期间累计获得一等奖学金6次、二等奖学金2次、三等奖学金1次，被评为校级优秀团员1次。在公开刊物上发表论文1篇，其中第一作者1篇。获得2015—2016年度、2016—2017年度国家奖学金，唐立新奖学金，第七届全国建筑信息模型大赛全国一等奖，全国绿色建筑竞赛优秀奖，第四届"西部之光"规划竞赛佳作奖。

唐某，女，中共党员，某省属大学土木工程专业学生，大学期间累计获得一等奖学金6次，二等奖学金2次，三等奖学金2次，获得国家奖学金1次，唐立新奖学金1次，国家励志奖学金2次。取得BIM一级建模师证书。在核心期刊上发表论文1篇，在公开刊物上发表论文3篇，其中第一作者2篇。作为项目负责人参与校级课题2项，作为主研人参与校级课题1项，作为主研人参与厅级课题1项。获得国家外观设计专利2项。获得四川省"挑战杯"大学生课外学术竞赛三等奖。

第九章　锻炼提升

9.1　积极向党组织靠拢

9.1.1　正确认识党员发展工作

"教育兴则国家兴，教育强则国家强"。高等教育肩负着培养德智体美劳全面发展的社会主义事业建设者和接班人的重大任务。青年的理想信念关乎国家未来，青年理想远大、信念坚定，是一个国家、一个民族无坚不摧的前进动力。2016年，习近平总书记在全国高校思想政治工作会议上指出："要做好在高校教师和学生中发展党员工作，加强党员队伍教育管理，使每个师生党员都做到在党爱党、在党言党、在党为党。"这一重要论述对促进高校党建工作具有重要指导意义。

（1）中国青年的使命担当

《中国共产党章程》鲜明指出："中国共产党自成立以来，始终把为中国人民谋幸福、为中华民族谋复兴作为自己的初心使命，历经百年奋斗，从根本上改变了中国人民的前途命运，开辟了实现中华民族伟大复兴的正确道路，展示了马克思主义的强大生命力，深刻影响了世界历史进程，锻造了走在时代前列的中国共产党。"党的二十大明确了全面建成社会主义现代化强国，总的战略安排是分两步走：从二〇二〇年到二〇三五年基本实现社会主义现代化；从二〇三五年到本世纪中叶把我国建成富强民主文明和谐美丽的社会主义现代化强国。从现在起到实现全面建成社会主义现代化强国，正是当代中国青年人生奋斗的黄金期，这个黄金期与全面建设社会主义现代化国家的宏伟征程高度契合、完全吻合。

当代中国青年生逢其时，是全面建成社会主义现代化强国的见证者，更是参与者、奋斗者和创造者。全面建设社会主义现代化国家、全面推进中华民族伟大复兴，关键在党。广大青年要坚定不移听党话、跟党走，怀抱梦想又脚踏实地，敢想敢为又善作善成，立志做有理想、敢担当、能吃苦、肯奋斗的新时代好青年，让青春在全面建设社会主义现代化国家的火热实践中绽放绚丽之花。这是习近平总书记对新征程上青年的深情期待，也是殷殷嘱托。

【心中有数】

　　根据中国共产党党内统计公报（截至 2024 年 12 月 31 日）数据显示，中国共产党党员总数为 10027.1 万名，比 2023 年底净增 108.6 万名，增幅为 1.1%。2024 年共发展党员 213.1 万名。发展 35 岁及以下党员 178.4 万名，占 83.7%。发展具有大专及以上学历的党员 115.9 万名，占 54.4%。截至 2024 年底，全国入党申请人 2142.0 万名，入党积极分子 1061.1 万名。

　　（2）发展党员工作的重要意义

　　党员是党的肌体的细胞和党的活动的主体。发展党员工作是党的建设中一项经常性重要工作，是党的建设新的伟大工程的一项基础工程，是党员队伍建设的重要组成部分。做好发展党员工作，是保持党的先进性纯洁性、落实全面从严治党方针和凝聚中国力量实现"两个一百年"奋斗目标、实现中华民族伟大复兴中国梦的现实需要。

　　在建设中国特色社会主义事业中，不断涌现出来的认真贯彻执行党的基本路线、献身改革开放和现代化建设事业、诚心诚意为人民谋利益、带领群众为经济发展和社会进步做出实绩的先进分子，是党组织接收新党员的源泉。党组织只有经常不断地对这些先进分子进行教育和培养，在他们提出入党要求并且具备党员条件时，及时把他们吸收到党内来，才能不断壮大党员队伍，改善党员队伍结构，提高党员队伍素质，保持党员队伍生机活力，担负起新的历史使命。

　　（3）发展党员工作的总要求和原则

　　① 发展党员工作的总要求

　　《中国共产党发展党员工作细则》第三条指出：发展党员工作应当贯彻党的基本理论、基本路线、基本纲领、基本经验、基本要求，按照控制总量、优化结构、提高质量、发挥作用的总要求，坚持党章规定的党员标准，始终把政治标准放在首位；坚持慎重发展、均衡发展，有领导、有计划地进行；坚持入党自愿原则和个别吸收原则，成熟一个，发展一个。禁止突击发展，反对"关门主义"。

　　② 发展党员工作的原则

　　发展党员工作坚持入党自愿原则和个别吸收原则。坚持入党自愿原则，是由我们党的性质和宗旨所决定的。共产党员必须全心全意为人民服务，不惜牺牲个人的一切，为实现共产主义奋斗终身；必须坚持党和人民的利益高于一切，个人利益服从党和人民的利益，吃苦在前，享受在后，在一切困难和危险的时刻挺身而出。这些要求不是每个人都能做到的，只有具有马克思主义信仰、共产主义觉悟和中国特色社会主义信念，自觉践行社会主义核心价值观，自愿把自己的一切献给共产主义事业的人才能做到。

　　只有坚持个别吸收原则，才能真正体现党员意志，切实保证新党员质量。坚持个别吸收原则，就要对入党积极分子逐个进行认真考察，看其是否具备党章规定的党员条件。在发展党员过程中，要成熟一个，发展一个，对发展对象要逐个履行入党手续，不能成批发展。成批发展党员，往往会使一些不具备党员条件的人混入党内。

【阅读材料】

　　问：为什么要把政治标准放在党员标准的首位？

　　答：坚持党章规定的党员标准，始终把政治标准放在首位，必须正确理解和把握"政治标准"的基本内涵。具体地说，"政治标准"主要包括四个方面：一是信念坚定，具有马克思主义信仰、共产主义觉悟和中国特色社会主义信念，自觉践行社会主义核心价值观，矢志不渝地为共产主义事业奋斗终身。二是对党忠诚，拥护党的纲领，自觉贯彻党的路线方针政策，在大是大非面前头脑清醒、旗帜鲜明，在思想和行动上始终同党中央保持高度一致。三是为民服务，把人民群众放在心中最高位置，树立群众观念，践行群众路线，维护群众利益。四是严守纪律，自觉遵守党章，模范遵守国家法律，严格按照党的组织原则和党内政治生活准则办事。

在发展党员工作中坚持党员标准，重点把握三个方面：一要突出政治上的先进性。始终把政治标准放在首位，确保政治合格。从思想政治、能力素质、道德品行、现实表现等方面对入党积极分子和发展对象进行深入考察，着重看是否具有坚定的理想信念和良好的道德品行，是否自觉为党的纲领努力奋斗，是否在生产、工作、学习和社会生活中起先锋模范作用。二要突出素质上的全面性。历史地、全面地、辩证地看待入党积极分子和发展对象的综合素质、一贯表现，防止降低标准和曲解标准，不能片面地以学业成绩、工作业绩或能人标准代替党员标准，忽视政治素质、思想品质和现实表现。三要突出标准上的严肃性。坚持成熟一个发展一个，防止把不具备党员条件的人吸收入党，防止"带病入党"，保证吸收的每一名新党员都是合格的。

9.1.2　对党员的基本要求

"理想因其远大而为理想，信念因其执着而为信念。"共产党员不仅是一个光荣的称号，更是一种神圣的责任。回顾历史，中国共产党的出现不是偶然的，是人民的选择和历史的必然。百年光辉历程证明，中国共产党是以共同理想信念而组织起来的政党。坚定理想信念，是中国共产党人精神谱系的思想内核，是我们党百年奋斗征程的经验总结，也是新征程上铸就新辉煌的强大精神力量。

选择中国共产党，就是选择了伟大的事业。在新中国成立后的社会主义建设年代，入党是一件不容易的事情，它意味着个人不但要面对困难和考验，而且还须经受住名利的诱惑。然而，尽管如此，仍有一批又一批的先进分子义无反顾地加入党的行列。历史虽已远去，但他们入党时表现出的坚定信念，以及为实现心中理想而体现出的坚韧意志和奋斗精神，却是共产党人永远的精神财富。

【心中有数】

钱学森：竭力回国　一心向党

钱学森是世界著名空气动力学家，中国载人航天奠基人。他 1929 年考入上海交通大学机械工程系，后通过公费留学进入美国麻省理工学院和加州理工学院航空系学习。1938 年至 1955 年，他在美国从事空气动力学、固体力学和火箭、导弹等领域的研究。

钱学森在美国学有所成后，便盼望早日回国效力。1955 年 9 月，在中国政府的帮助下，钱学森终于回到了祖国。在目睹了新中国欣欣向荣的发展景象，以及共产党人的廉洁作风后，钱学森大为感动。回顾历史，他深深感到，党的事业是伟大的，无论个人有多大本事，都离不开党组织。因此，他不久便萌生了入党的愿望。1958 年初，他向中国科学院党组书记张劲夫郑重提出了入党申请。

钱学森十分珍视党员的荣誉。入党那天，是他生命里不寻常的一天。30 年后，他回忆说：在建国十周年的时候，我被接纳为中国共产党的一员。这个时候我心情非常激动，我是一名中国共产党党员了！我简直激动得睡不着觉。

【阅读材料】

《中国共产党章程》规定，党员必须履行下列义务：

（一）认真学习马克思列宁主义、毛泽东思想、邓小平理论、"三个代表"重要思想、科学发展观、习近平新时代中国特色社会主义思想，学习党的路线、方针、政策和决议，学习党的基本知识和党的历史，学习科学、文化、法律和业务知识，努力提高为人民服务的本领。

（二）增强"四个意识"、坚定"四个自信"、做到"两个维护"，贯彻执行党的基本路线和各项方针、政策，带头参加改革开放和社会主义现代化建设，带动群众为经济发展和社会进步艰苦奋斗，在生产、工作、学习和社会生活中起先锋模范作用。

（三）坚持党和人民的利益高于一切，个人利益服从党和人民的利益，吃苦在前，享受在后，克己奉公，多做贡献。

（四）自觉遵守党的纪律，首先是党的政治纪律和政治规矩，模范遵守国家的法律法规，严格保守党和国家的秘密，执行党的决定，服从组织分配，积极完成党的任务。

（五）维护党的团结和统一，对党忠诚老实，言行一致，坚决反对一切派别组织和小集团活动，反对阳奉阴违的两面派行为和一切阴谋诡计。

（六）切实开展批评和自我批评，勇于揭露和纠正违反党的原则的言行和工作中的缺点、错误，坚决同消极腐败现象作斗争。

（七）密切联系群众，向群众宣传党的主张，遇事同群众商量，及时向党反映群众的意见和要求，维护群众的正当利益。

（八）发扬社会主义新风尚，带头实践社会主义核心价值观和社会主义荣辱观，提倡共产主义道德，弘扬中华民族传统美德，为了保护国家和人民的利益，在一切困难和危险的时刻挺身而出，英勇斗争，不怕牺牲。

根据《中国共产党章程》和《中国共产党发展党员工作细则》相关规定，发展党员工作流程可以分为 5 个阶段 25 个步骤。请扫二维码查看。

拓展阅读

9.1.3 党支部建设和大学生党员

9.1.3.1 党支部建设

党的基层组织是党全部工作和战斗力的基础。党的二十大报告明确提出，"增强党组织政治功能和组织功能"，将其列入"坚定不移全面从严治党，深入推进新时代党的建设新的伟大工程"的重要方面作出全面部署，这是党中央着眼于新形势新任务新要求，从战略和全局高度对新时代基层组织建设提出的新定位新要求。

《中国共产党支部工作条例（试行）》规定：党支部是党的基础组织，是党组织开展工作的基本单元，是党在社会基层组织中的战斗堡垒，是党的全部工作和战斗力的基础，担负直接教育党员、管理党员、监督党员和组织群众、宣传群众、凝聚群众、服务群众的职责。

（1）党支部工作遵循的基本原则

① 坚持以马克思列宁主义、毛泽东思想、邓小平理论、"三个代表"重要思想、科学发展观、习近平新时代中国特色社会主义思想为指导，遵守党章，加强思想理论武装，坚定理想信念，不忘初心、牢记使命，始终保持先进性和纯洁性。

② 坚持把党的政治建设摆在首位，牢固树立"四个意识"，坚定"四个自信"，做到"四个服从"，旗帜鲜明讲政治，坚决维护习近平总书记党中央的核心、全党的核心地位，坚决维护党中央权威和集中统一领导。

③ 坚持践行党的宗旨和群众路线，组织引领党员、群众听党话、跟党走，成为党员、群众的主心骨。

④ 坚持民主集中制，发扬党内民主，尊重党员主体地位，严肃党的纪律，提高解决自身问题的能力，增强生机活力。

⑤ 坚持围绕中心、服务大局，充分发挥积极性主动性创造性，确保党的路线方针政策和决策部署贯彻落实。

（2）党支部的基本任务

① 宣传和贯彻落实党的理论和路线方针政策，宣传和执行党中央、上级党组织及本党支部的决议。讨论决定或者参与决定本地区本部门本单位重要事项，充分发挥党员先锋模范作用，团结组织群众，努力完成本地区本部门本单位所担负的任务。

② 组织党员认真学习马克思列宁主义、毛泽东思想、邓小平理论、"三个代表"重要思想、科学发展观、习近平新时代中国特色社会主义思想，推进"两学一做"学习教育常态化制度化，学习党的路线方针政策和决议，学习党的基本知识，学习科学、文化、法律和业务知识。做好思想政治工作和意识形态工作。

③ 对党员进行教育、管理、监督和服务，突出政治教育，提高党员素质，坚定理想信念，增强党性，严格党的组织生活，开展批评和自我批评，维护和执行党的纪律，监督党员切实履行义务，保障党员的权利不受侵犯。加强和改进流动党员管理。关怀帮扶生活困难党员和老党员。做好党费收缴、使用和管理工作。依规稳妥处置不合格党员。

④ 密切联系群众，向群众宣传党的政策，经常了解群众对党员、党的工作的批评和意见，了解群众诉求，维护群众的正当权利和利益，做好群众的思想政治工作，凝聚广大群众的智慧和力量。领导本地区本部门本单位工会、共青团、妇女组织等群团组织，支持它们依照各自章程独立负责地开展工作。

⑤ 对要求入党的积极分子进行教育和培养，做好经常性的发展党员工作，把政治标准放在首位，严格程序、严肃纪律，发展政治品质纯洁的党员。发现、培养和推荐党员、群众中间的优秀人才。

⑥ 监督党员干部和其他任何工作人员严格遵守国家法律法规，严格遵守国家的财政经济法规和人事制度，不得侵占国家、集体和群众的利益。

⑦ 实事求是对党的建设、党的工作提出意见建议，及时向上级党组织报告重要情况。教育党员、群众自觉抵制不良倾向，坚决同各种违纪违法行为作斗争。

⑧ 按照规定，向党员、群众通报党的工作情况，公开党内有关事务。

（3）高校学生党支部主要职责

《中国共产党普通高等学校基层组织工作条例》第十三条规定：学生党支部应当加强思想政治引领，筑牢学生理想信念根基，引导学生刻苦学习、全面发展、健康成长。主要职责是：

① 宣传和执行党的路线方针政策以及上级党组织的决议。

② 加强对学生党员的教育、管理、监督和服务，定期召开组织生活会，开展批评和自我批评。发挥学生党员先锋模范作用，影响、带动广大学生明确学习目的，完成学习任务。

③ 组织学生党员参与学生事务管理，维护学校稳定。支持、指导和帮助团支部、班委会以及学生社团根据学生特点开展工作，充分发挥保留团籍的学生党员的带动作用。

④ 培养教育学生中的入党积极分子，按照标准和程序发展学生党员。

⑤ 根据学生特点，有针对性地做好思想政治教育工作。

9.1.3.2　大学生党员作用发挥

人类历史发展告诉我们，"时代的性格就是青年的性格，时代的精神就是青年的精神。"时代怎样，青年就怎样；青年怎样，时代发展和未来就怎样。习近平总书记在党的二十大报告中殷切寄语大家，"广大青年要坚定不移听党话、跟党走，怀抱梦想又脚踏实地，敢想敢为又善作善成，立志做有理想、敢担当、能吃苦、肯奋斗的新时代好青年，让青春在全面建设社会主义现代化国家的火热实践中绽放绚丽之花。"大学生党员作为广大青年学生的优秀代表，肩负着成为建设有中国特色社会主义事业的中坚力量。

9.2　共青团工作与第二课堂活动

9.2.1　共青团工作概述

（1）党和共产主义青年团的关系

《中国共产党章程》第五十一条规定：中国共产主义青年团是中国共产党领导的先进青年的群团组织，是广大青年在实践中学习中国特色社会主义和共产主义的学校，是党的助手和后备军。共青团中央委员会受党中央委员会领导。共青团的地方各级组织受同级党的委员会领导，同时受共青团上级组织领导。

《中国共产党章程》第五十二条规定：党要坚决支持共青团根据广大青年的特点和需要，生动活泼地、富于创造性地进行工作，充分发挥团的突击队作用和联系广大青年的桥梁作用。

中国共产党领导是中国特色社会主义最本质的特征，是中国特色社会主义制度的最大优势，党是最高政治领导力量。中国共产主义青年团坚决拥护中国共产党的纲领，以马克思列宁主义、毛泽东思想、邓小平理论、"三个代表"重要思想、科学发展观、习近平新时代中国特色社会主义思想为行动指南。

（2）中国共产主义青年团在新时代的基本任务

高举中国特色社会主义伟大旗帜，深刻领悟"两个确立"的决定性意义，全面贯彻习近平新时代中国特色社会主义思想，坚定不移地贯彻党在社会主义初级阶段的基本路线，以经济建设为中心，坚持四项基本原则，坚持改革开放，切实保持和增强政治性、先进性、群众性，把培养社会主义建设者和接班人作为根本任务，把巩固和扩大党执政的青年群众基础作为政治责任，把围绕中心、服务大局作为工作主线，认真履行引领凝聚青年、组织动员青年、联系服务青年的职责，用社会主义核心价值体系教育青年，在建设中国特色社会主义的伟大实践中，造就有理想、有道德、有文化、有纪律的青年，努力为党输送新鲜血液，为国家培养青年建设人才，团结带领广大青年，自力更生，艰苦创业，积极推动社会主义经济建设、政治建设、文化建设、社会建设、生态文明建设，踊跃投身全面建设社会主义现代化国家、全面深化改革、全面依法治国、全面从严治党实践，为全面建成社会主义现代化强国、实现第二个百年奋斗目标，以中国式现代化全面推进中华民族伟大复兴贡献智慧和力量。

（3）团员和团员的权利与义务

① 团员。年龄在十四周岁以上，二十八周岁以下的中国青年，承认团的章程，愿意参加团的一个组织并在其中积极工作、执行团的决议和按期交纳团费的，可以申请加入中国共产主义青年团。团员年满二十八周岁，没有担任团内职务，应该办理离团手续。团员加入共产党以后仍保留团籍，年满二十八周岁，没有在团内担任职务，不再保留团籍。

② 团员的义务。

a. 努力学习马克思列宁主义、毛泽东思想、邓小平理论、"三个代表"重要思想、科学发展观、习近平新时代中国特色社会主义思想，学习党的历史，学习团的基本知识，学习科学、文化、法律和业务知识，不断提高为人民服务的本领。

b. 增强"四个意识"、坚定"四个自信"、做到"两个维护"，宣传、执行党的基本路线和各项方针政策，积极参加改革开放和社会主义现代化建设，努力完成团组织交给的任务，在学习、劳动、工作及其他社会活动中起模范作用。

c. 自觉遵守国家的法律法规和团的纪律，执行团的决议，发扬社会主义新风尚，积极参加志愿服务，实践社会主义核心价值观和社会主义荣辱观，提倡共产主义道德，弘扬中华民族传统美德，维护国家和人民的利益，为保护国家财产和人民群众的安全挺身而出，英勇斗争。

d. 接受国防教育，增强国防意识，积极履行保卫祖国的义务。

e. 虚心向人民群众学习，热心帮助青年进步，及时反映青年的意见和要求。

f. 开展批评和自我批评，勇于揭露和纠正错误言行，勇于改正缺点和错误，自觉维护团结。

③ 团员的权利。

a. 参加团的有关会议和团组织开展的各类活动，接受团组织的教育和培训。

b. 在团内有选举权、被选举权和表决权。

c. 在团的会议和团的媒体上，参加关于团的工作和青年关心的问题的讨论，对团的工作提出建议，监督、批评团的领导机关和团的工作人员。

d. 对团的决议如有不同意见，在坚决执行的前提下，可以保留，并且可以向团的上级组织提出。

e. 参加团组织讨论对自己处分的会议，并且可以申辩，其他团员可以为其作证和辩护。

f. 向团的任何一级组织直至中央委员会提出请求、申诉和控告，并要求有关组织给以负责的答复。团的任何一级组织或个人都无权剥夺团员的权利。

（4）共产主义青年团普通高等学校基层组织

高校基层团组织是指中国共产主义青年团设立在普通本科学校、高等职业学校等普通高等学校中的团组织。高校基层团组织在全团具有基础性、战略性、源头性的地位。

① 高校团组织设置。根据团员人数和工作需要，经同级党组织和上级团组织批准，在高校可以设立团的支部委员会、总支部委员会、基层委员会。

② 高校学生团（总）支部的主要职责：

a. 把思想政治引领放在首位，围绕党的理论、路线、方针、政策，组织团员开展形式多样、生动活泼的学习教育活动，宣传和执行党组织决定和上级团组织的决议。

b. 按照标准和程序发展团员，落实"三会两制一课"，开展主题团日，定期开展组织生活会，做好团费收缴、组织关系转接等基础团务工作。

c. 引导学生团员积极向党组织靠拢，在党组织和上级团组织的指导下做好推优入党工作。

d. 发挥团员示范带动作用，引导学生刻苦学习科学文化知识、技术技能，开展志愿服务、社区报到等形式多样的校内外社会实践活动，促进学生发展、承担社会责任。

e. 经常性了解学生思想学习生活状况，关心帮助有困难的学生，及时向党团组织报告学生思想动态、安全稳定等方面的情况和风险。

f. 评议推荐团内荣誉，会同班委会研究决定班级中需要学生自主决定的重要事务。

（5）共产主义青年团基层组织"三会两制一课"

"三会两制一课"是指支部大会、支部委员会、团小组会、团员教育评议制度、团员年度团籍注册制度和团课，是团的组织生活的基本制度。

【阅读材料】

团（总）支部"对标定级"

1. 定级要求

团（总）支部"对标定级"应紧密围绕新时代新征程党的中心任务，坚持围绕中心、服务大局，积极主动对接国家重点战略和重大任务，重点在理论学习（含宣讲）、经济发展、科技创新、乡村振兴、民主法治、文教体育、绿色发展、社会服务、应急处突、卫国戍边、统一战线、对外交流等领域争当排头兵和生力军，激发团员青年在中国式现代化建设中挺膺担当。

2. 定级对象

成立 6 个月及以上的团支部。流动团员团支部、临时团支部不纳入"对标定级"范围。

3. 定级时间

原则上每年第四季度集中开展一次对标定级工作。地方（系统）认为确有必要，可结合实际情况，每半年集中开展一次对标定级工作。

4. 定级标准

一般由省级团委统筹，市、县级团委立足本地区（系统）实际，依据"对标定级"参考标准，合理细化评估指标，设定具体分值，开展评星定级。建议总分值100分，对应星级参考如下。5 星级（≥ 90 分），4 星级（80 ～ 89 分），3 星级（70 ～ 79 分），2 星级（60 ～ 69 分），60 分以下不予定级。

（1）五星级团支部（优秀，90 分及以上），标准化、规范化建设成效显著，组织力强，示范带动作用好。

（2）四星级团支部（良好，80 ～ 89 分），标准化、规范化建设有较大成效，组织力有较大提升。

（3）三星级团支部（一般，70 ～ 79 分），标准化、规范化建设存在短板不足，组织力有所提升。

（4）后进团支部（较差，60 ～ 69 分），标准化、规范化建设存在较大差距，组织力较弱，发挥作用较差。

（5）软弱涣散团支部（60 分以下，或存在"一票否决"指标所列情况的）。

5. 步骤

团支部对标自评→基层团委复核认定→团的领导机关抽查评估。

9.2.2 第二课堂

（1）第二课堂活动

大学第二课堂活动是大学生在第一课堂之外参与的一些与教学相关的活动，是相对于课堂教学而言的。从教学内容来看，第二课堂源于且不限于课本，是通过参加有组织的课余活动陶冶情操、获取知识和培养能力的一种教育教学形式，是素质教育的重要阵地。其内容是对课堂教育内容的补充。从形式上看，第二堂课生动活泼、丰富多彩。第二堂课的学习空间范围非常广，可以在教室，也可以在操场，可以在学校，也可以在社会、家庭开展。

第二课堂活动有助于学生为第一课堂查漏补缺。能够培养学生与人相处、与人合作的能力，这对于提高大学生的综合素质、引导大学生适应社会、促进成才就业具有重要的意义。同时，第二课堂能够帮助大学生积极地参与学校内的相关活动，了解校园活动，更好地提高人际交往能力，有助于优秀校园文化的塑造，促进优良学风校风的形成。

（2）第二课堂成绩单制度

共青团中央、教育部联合印发的《高校共青团改革实施方案》中提到实施高校共青团"第二课堂成绩单"制度。围绕高校育人的中心任务，在引导青年学生坚持学业为主的同时，针对学习就业创业、创新创造实践、身体心理情感、志愿公益和社会参与等普遍需求，借鉴"第一课堂"的做法，加强与学校相关部门、政府有关职能部门以及社会机构合作，普遍推行高校共青团"第二课堂成绩单"制度，推动工作的规范化、课程化、制度化。

第二课堂成绩单一般包括学生在校期间参与创新创业、社会实践、志愿公益、文化艺术、体育运动、工作履历、技能特长、思想成长八方面的经历和成果。让第二课堂成绩单可以成为学校人才培养评估、学生综合素质评价、单位选人用人的重要参考依据。

①"创新创业"模块。主要记载参与各级各类学术科技、创新创业竞赛和活动的经历及获得的相关荣誉，以及发表论文、出版专著、取得专利、创业实践等情况。

②"社会实践"模块。主要记载参与寒暑假社会实践活动、就业实习、岗位见习及其他实践活动的经历，参加与港澳台及国际交流访学的经历，以及获得的相关荣誉。

③"志愿公益"模块。主要记载参与支教助残、社区服务、公益环保、赛会服务、海外服务等各类志愿公益活动的经历，以及获得的相关荣誉。

④"文化艺术"模块。主要记载参与文化艺术训练、展演、人文素养等各级各类校园文化活动的经历，以及获得的相关荣誉。

⑤"体育运动"模块。主要记载参与学校认定的体育比赛或活动，以及获得的相关荣誉。

⑥"工作履历"模块。主要记载在校内党团学（含学生社团）组织的工作任职履历、在校外的社会工作履历，以及获得的相关荣誉。

⑦"技能特长"模块。主要记载参加各级各类技能培训的经历，以及获得的相关技能认定，以及获得的相关荣誉。

⑧"思想成长"模块。主要记载学生入党、入团情况，学生参加党校、青年马克思主义者培养工程、团校培训经历，学生参加思想引领类活动经历，及获得的相关荣誉。

9.3　学好自身专业

（1）认识专业

认识专业的方式有很多，首先，同学们可以通过查询行业的前沿信息来对本专业建立初步的认知。比如土木类专业的同学，就可以通过查询建筑业的前沿信息，来了解本专业的未来发展前景。并且土木类属于工科，也可以在网上查询有关新工科的相关信息，来了解行业大类的发展趋势，这有助于同学们对所学专业有一个基本的认知。其次，同学们可以通过了解职业发展来了解本专业。比如人文社科专业的同学，可以通过了解今后的就业途径来加深对本专业的认识，了解到了今后可以从事的工作，可以帮助同学们制定个人大学规划，不浪费大学时光，真正学好自己的专业。最后，同学们可以通过参加相关专业社团来提升自己的专业技能，并且还能够在这些专业社团中结识本专业的学长学姐，与学长学姐交流也帮助同学们更进一步认识自己的专业。比如西华大学的 BIM 研究中心就与土木学院的工程管理、工程造价等专业相关，同学们在其中不仅可以学习到专业技能，也能锻炼自己的综合能力。

（2）做好大学期间的规划

进入大学，老师们不再像高中班主任一样约束同学们要去做什么、不能做什么，而是给同学们选择的权利。很多同学可能就在这种"自由"中逐渐放飞，最后四年时间碌碌无为。为了把握好大学时光，真正过好青春，建议同学们在大学阶段做好自己的规划，想清楚自己真正想要的是什么。学习是第一位的，而在学习之余，同学们可以加入学生社团、参加学科竞赛、参加学术课题等。参加这些活动，能够帮助同学更快成长，提升自己的综合素质。

在大学时光中，同学们将有很多课余时间，同学们可以利用课余时间参加一场学科竞赛，体验和团队一起拼搏取得胜利的喜悦；参加篮球赛、排球赛、足球赛、乒乓球赛等体育竞技比赛，在运动场上挥洒汗水；培养一个兴趣爱好，找到志同道合的小伙伴；加入学生组织，感受团队的魅力……

（3）用好内外部学习资源

① 充分利用图书馆

与中学不同，大学的学习更多地要靠自觉性。单单掌握一本教材，背诵一门课的笔记，是远远不够的。课堂上老师所讲的只是浓缩了的知识，更为精深、更为广泛的知识，相关或边缘学科的知识等，都需要靠自己在课后去获取。方式当然是多种多样的，大学为你提供了无比广阔的学习天地。

在大学里的所有学习资源中，图书馆应该是大学生最亲密的"伙伴"。大学有自己的图书馆，有些院系也拥有本院系专门的图书资料室。不同学科的图书馆主要的藏书内容和馆藏分类会有所不同，但是一般都会有一些常规的阅览室，如报刊、工具书、社科类图书阅览室等。大学新生入学后，不妨先去学校图书馆大致浏览一番，弄清楚怎样使用电子检索系统找到自己想要的书，怎样浏览图书馆新进的书籍，哪个阅览室都有些什么方面的图书，外借书一次可以借阅几本，续借有什么要求，怎样预约书籍等问题。

通常，图书馆有两种"泡"法：一种是目的性极强的，比如阅读老师推荐的专业书籍、为写论文查阅资料，或是根据个人兴趣有意识地检索某一类书籍；另一种则更具随意性和娱乐性，比如没课时到图书馆读小说，去期刊阅览室翻阅最新报纸杂志，既保持与社会同步，又能了解专业前沿动态——这些都对未来发展大有裨益。对现代大学生而言，获取最新资讯本就是学习过程中不可或缺的环节。

② 与专业教师有效沟通

作为课堂学习的延伸，大学新生应当勤于向老师请教，敢于提出问题。无论是学习方法、课程内容的疑问，还是老师研究领域的问题，甚至在与老师熟悉后，还可以探讨为人处世的道理。不必担心问题是否幼稚，只要经过深思熟虑且多方求证仍无法解决，便可大胆提问。师者，本就乐于传道授业解惑的。

向师者请教，大多是学习方法和工具的技术性问题，比如学好本门课要看哪些参考书目，学好本门课的关键、学习方法和思维方法是什么，该如何进行课题研究，该如何着手展开研究工作等。还有就是在日常的学习中提出一些问题，尤其在进行课题研究时。千万不能把问题堆积起来或者绕开走，尤其是在一些关键问题上要向老师多请教。能够提出问题正是研究的开始，要锻炼自己这种能力，向师者请教之后，慢慢培养自己解决问题的能力。这样在结束大学生活后，肯定收获颇丰，甚至会发现终生研究的课题。

③ 主动聆听专家讲座

学校定期会举办专家讲座，参与专家讲座不仅可以获得行业前沿信息，还能够和专家面对面交谈。很多时候专家的建议能够帮助同学们点清方向，帮助同学们坚定学好专业的信心。

④ 积极参与学科竞赛

学科竞赛，是锻炼人智力的，超出课本范围的一种特殊的考试和竞赛，是大学生创新实践能力提升的实践平台。学科竞赛级别有很多，难度也有所不同，每个专业都有相关专业对口的学科竞赛，比如土木工程专业可以参加的全国大学生结构设计竞赛、计算机专业可以参加的"中国软件杯"大学生软件设计大赛等。当然非本专业的同学也可以组队参加，跨专业的团队组合更能拿出完善的作品。想要参加学科竞赛的同学可以通过网上查询资料、咨询老师、咨询学长学姐等方式了解相关信息，为参加比赛做准备。

⑤ 主动参与教师专业课题项目

大学教师通常拥有自己的研究课题，这些课题的主要目的是开展学术研究。当大学生具备一定理论基础后，加入教师的课题组参与项目研究，对个人未来发展大有裨益。

从专业学习角度看，参与本专业教师的课题项目，既能拓宽基础知识的获取渠道，又能增加理论知识的实践应用机会。高质量的课题项目中，科研导师会根据学生的认知水平安排相适应的研究内容，循序渐进地提升能力，同时拓宽学术视野，扩大知识面。

就综合素质提升而言，本科阶段参与课题研究能让学生提前接触科研任务，了解研究生阶段的学习模式，有助于做好未来规划。此外，还能培养文字表达能力、抗压能力和团队协作能力等多方面素质。

从职业发展角度考量，课题研究经历不仅能丰富个人简历，作为大学期间的重要实践活动，既充实了学习经历，又能在求职时形成竞争优势。科学研究还有助于培养创新思维，帮助大学生突破思维定式，提升思维的流畅性、灵活性和想象力。

⑥ 有效获取网络学习资源

随着信息化时代的发展，我们可以通过网络获取越来越多的优质学习资源，通过网络真正实现了"大学没有围墙"，我们能够通过网络资源实现跨校跨学科学习。下面将分享一些优质的网络学习资源获取网站，可扫二维码查看。

拓展阅读

9.4　学科竞赛与创新创业

习近平总书记强调，全球青年有理想、有担当，人类就有未来，和平与发展的崇高事业就有希望。21 世纪是知识经济时代，开展大学生科技竞赛和创新计划竞赛，是促进大学生学习的有效方式，是"科学技术是第一生产力"的论断逐渐为社会接受并确立其在经济社会发展中的主导地位而发展起来的。

在 1978 年召开的全国科学大会的影响下，伴随着高等教育的恢复和校园文化的繁荣，学术、科技创新活动启动。这时，党中央和全国学联作出了一系列开展有益的学习、文化、娱乐、体育活动的决议，校园文化开始繁荣，创新意识和创新人才大量涌现。随着经济和科学技术的发展，面对世界百年未有之大变局，新一轮科技革命和产业变革飞速发展，突破疆界的新科学范式正在孕育，以数字化、智能化、绿色化为代表的新技术和数字经济正在加快与传统产业渗透融合。

9.4.1　大学生科学竞赛

（1）开展大学生学科竞赛的意义

学科竞赛是在紧密结合课堂教学的基础上，以竞赛的方法，激发学生理论联系实际和独立工作的能力。通过实践活动发现问题、解决问题，增强学生学习和工作自信心的系列活动。大学生科学竞赛作为高校素质教育的重要组成部分，在促进学生发展、提高学生创新创造能力上发挥着至关重要的作用。具体体现在以下几个方面：

第一，培养学生的科研能力；第二，培养学生的创新能力；第三，培养学生的实践能力；第四，培养学生的团队精神；第五，培养学生的思想品质；第六，激发学生的学习意识。当今时代，受到多方面因素的影响，很多大学生在成长过程中面临着诸多阻碍，真正符合社会要求的人才较少，大学生科学竞赛作为一种综合性较强的竞赛模式，结合学生专业特点组织开展多种形式的学科竞赛，吸引学生，让学生主动投入其中，从而激发出学生的潜力。

（2）全国学科竞赛主要活动（扫二维码查看）

拓展阅读

9.4.2　大学生创新创业

创新创业计划竞赛是借助风险投资的实际运作模式，要求参与者组成优势互补的小组，提出一项具有市场前景的技术或服务，围绕这一产品或服务，以"获得风险投资家的投资"为目的，通过深入研究和广泛的市场调查，完成一份完整、具体、深入的商业计划。创新创业计划竞赛不再是单纯个人的、集中在某一专业的学生竞赛，而是以实际技术为背景、跨学科团队之间的综合较量；不是学生运用已掌握的知识进行训练或考试，而是以市场经济为背景的创业准备和推动科学技术向现实生产力转化的实践尝试。从某种意义上说，创新创业计划竞赛是高等院校与现实社会、大学生与企业之间的互动和沟通。创业计划竞赛是广大大学生参与素质教育的新载体和科技活动的新形式，成为各高校彰显办学水平、教育质量和学生综合素质的一个重要窗口。大学生可以有计划地参加由学校组织的学术科技创业活动。部分创新创业竞赛可扫二维码查看。

拓展阅读

9.5 社会实践与专业实习

9.5.1 社会实践

社会实践从广义上是指人类能动地改造自然和社会的全部活动。一般而言，大学生社会实践是从狭义上来界定，大学生社会实践活动是指在校大学生有目的、有计划、有组织地走向社会，识国情、受教育、长才干、作贡献的一系列实践与精神活动的总和。它是大学生认识社会、了解国情、拓宽视野、丰富自我和改善知识的重要手段，是对大学生进行素质教育的重要途径，是大学生提高自身综合素质、激发创新精神的有效措施，也是对学校教育的延伸和补充。

9.5.1.1 社会实践的作用

第一，社会实践能够让大学生真实接触社会，了解国情，增强其社会责任感和使命感。在学校里，学生只能通过课堂和书籍了解社会现象和问题，而在社会实践中，学生可以身临其境地观察和感受到社会的各个方面。比如，学生可以参观企业、深入社区，目睹工作环境和行业的发展状况，深入了解职业要求和就业市场的现状。这种实地参观和感受能够让学生真实地了解社会，增加学生对社会问题的认知，能够从具体的典型事例中受到教育和启发，使学生思想得到升华，增强社会责任感和使命感。

第二，社会实践能够培养大学生理论联系实际的能力，锻炼大学生解决实际问题的能力。大学生参加实践活动能够把所学的理论知识与接触的实际问题进行对照、比较，把理论知识逐渐转化为认识和解决实际问题的能力。同时，大学生在实践中，还要运用自己的实际操作和思维能力，比如调查研究方法、数据分析和问题解决等能力。通过这些实践活动，学生能够提高自己的实践能力和问题解决能力，培养综合素质和创新精神。

第三，社会实践还可以促进学生的人际交往和合作能力的提升。在社会实践中，学生需要与各类人士进行交流和合作，与不同年龄、背景和专业的人士进行交流和合作，了解他们的经验和知识，促进彼此的学习和成长。通过与他人互动和合作，学生能够培养良好的沟通技巧和人际交往能力，提高团队协作和合作意识。

第四，社会实践能够帮助学生明确自己的兴趣和职业规划，实现自我发展。在社会实践中，学生可以接触到各类职业和行业，了解自己擅长和感兴趣的领域，并通过实践来验证自己的选择。通过实践经历，学生可以对自己的职业规划和未来发展有更加清晰的认识，为自己的未来做出更好的决策。

9.5.1.2 社会实践的类型

（1）志愿服务

志愿服务是指一个人志愿贡献个人的时间及精力，在不图任何物质报酬的情况下，为改善社会、促进社会进步而提供的服务，包括社区建设、环境保护、应急救助等。志愿服务可以培养大学生的奉献精神，提高综合素质，为经济、社会的协调发展和全面进步作出贡献。

（2）社会调查

社会调查是指应用科学方法，对特定的社会现象进行实地考察，了解其发生的各种原因和相关联系，从而提出解决社会问题的对策的活动。参加社会调查，能够实现理论与实际相结合，有利于大学生树立正确的世界观、人生观和价值观，培养科学的思维方式，教会大学生正确做人、适应社会的本领，全面提高综合素质。

（3）社会公益

社会公益是指涉及科学、教育、文化艺术、体育、医疗卫生、环保、社会福利、社区服务及其他关心社会的活动。参加公益活动，能使大学生树立热心公益、自觉承担社会责任的观念，培育公益意识。

9.5.1.3　社会实践项目

大学生暑期"三下乡"社会实践活动、大学生"返家乡"社会实践活动扫二维码查看。

拓展阅读

【阅读材料】

四川省大学生"综合素质A级证书"由共青团四川省委、四川省学生联合会共同设立，旨在对大学生的综合素质进行有效评价，对大学生大学期间的学习能力、实践能力和创新能力进行可量化、系统性呈现。自开展以来，得到了全省各高校的积极响应和全社会的广泛认可。目前，四川省大学生"综合素质A级证书"已经成为企业招聘、保研入学、奖学金评定、选调生报考等方面的重要参考因素。四川省大学生"综合素质A级证书"的认证范围为四川省全日制高等院校在校学生（含专科生、本科生、研究生），认证对象无名额限制，凡符合本认证办法规定且满足认证条件的，均可申请认证"综合素质A级证书"，已获得认证的学生不得重复申请。

9.5.2　专业实习

（1）专业实习的重要性

2019年7月10日，中华人民共和国教育部发布《关于加强和规范普通本科高校实习管理工作的意见》（教高函〔2019〕12号）要求：实习是高校实践教学的重要环节之一。实习是人才培养的重要组成部分，是深化课堂教学的重要环节，是学生了解社会、接触生产实际，获取、掌握生产现场相关知识的重要途径，在培养学生实践能力、创新精神，树立事业心、责任感等方面有着重要作用。

专业实习亦称"业务实习"，是高等学校各专业的一种教学形式，为学生到现场实习的统称。一般安排在学生已掌握一定的专业知识后，培养学生实践能力和创新精神。

学生在基本掌握专业知识和基本上完成教学实习之后，到专业对口的现场直接或间接参与生产过程，综合运用本专业所学的知识和技能，以完成一定的生产任务，并进一步获得感性认识，掌握操作技能，学习企业管理，养成正确劳动态度的一种实践性教学形式，是加深学生对课堂专业知识理解及培养学生解决复杂工程问题能力的重要环节。近年来，在高校和政府机关、企事业单位和社会团体等用人单位共同努力下，产学研融合不断深入，大学生实习工作稳定开展、质量稳步提高。

（2）专业实习的内容

① 认识实习

通过室内讲解、观看录像及参观生产现场等方式，使学生对专业工作环境有一定的感性认识，了解工作的基本内容，熟悉生产的一般过程。认识实习通常在大学一、二年级初步接触专业课的时候进行，为进一步学习后期的专业知识做准备。

② 生产实习

学生在修完专业基础课及大部分专业课之后，深入生产实践现场，直接参与生产实践工作。巩固加深课堂知识，学习生产技术，并作为初级技术员和管理员等身份，学会解决一些比较简单的技术问题，为后续的专业学习以及毕业后适应工作环境奠定基础。生产实习一般安排在大三暑期的小学期进行。

③ 毕业实习

毕业之前再次深入生产现场，运用所学的专业知识进行专业技能训练。培养学生组织生产、独立工作以及发现问题、分析问题、合理论证与解决问题的综合能力，以成为合格的专业技术人员。毕业实习一般同毕业设计（论文）联系在一起，在实习中搜集资料，为毕业设计（论文）做好准备工作。

④ 顶岗实习

顶岗实习一般安排在学生在校学习的最后一年。根据专业特点，顶岗实习可以允许学生自行选择单位分散实习。不同于其他实习，顶岗实习需要学生完全履行其实习岗位的所有职责，独当一面，具有很大的挑战性，对学生的能力锻炼起很大的作用，是培养应用型人才必不可少的实践环节。学校、实习单位、学生应签订三方实习协议，明确各自的权利义务和责任。

第十章　职业生涯规划

10.1　职业生涯规划概述

10.1.1　职业生涯规划的概念

当代中国青年生逢其时，施展才干的舞台无比广阔，实现梦想的前景无比光明。党的十八大以来，习近平总书记始终立足于"确保党的事业薪火相传，确保中华民族永续发展"的深远考虑，指导青年成长成才，引导青年建功立业。把党的二十大描绘的宏伟蓝图变成现实，需要各行各业青年勇挑重担、冲锋在前。

生涯是指一个人在一生中所扮演角色的综合及结果。从逻辑的角度来说，"生涯"的范围大于"职业生涯"的范围，即"职业生涯"是"生涯"的一部分。职业生涯是一个人一生中所有与职业相联系的行为与活动，以及相关的态度、价值观、愿望等的连续性经历的过程，也是一个人一生中职业、职位的变迁及工作理想的实现过程。简单地说，职业生涯就是一个人终身的工作经历。

职业生涯规划简称生涯规划，又叫职业生涯设计，是指个人与组织相结合，在对一个人职业生涯的主客观条件进行测定、分析、总结的基础上，对自己的兴趣、爱好、能力、特点进行综合分析与权衡，结合时代特点，根据自己的职业倾向，确定最佳的职业奋斗目标，并为实现这一目标作出行之有效的安排。用通俗的话来说，职业生涯规划就是你打算选择什么样的行业、什么样的组织、想达到什么样的成就、想过一种什么样的生活，如何通过学习与工作达到这个目标。

10.1.2　职业生涯规划的意义

（1）有利于明确自身的发展方向和目标

目标就像是一个风向标，让航行在大海中的帆船能够穿过重重迷雾到达人生的彼岸。树立明确的目标，让大学生更加珍惜当下的大学生活，主动积极去学习，化被动为主动，化懒惰、消极为勤奋、积极，提高大学生的责任心与担当意识。大学中出现了一些现象，如低年级（大一、大二）的学生沉浸在刚参加完高考进入大学校园的喜悦中，还未及时转变大学生的角色，认为毕业遥遥无期，做职业规划和就业信息收集为时过早，对应该做什么、能做什么、想做什么、不想要什么、值得做什么以及社会对人才的需求是怎样的都没有进行思考，更不用说以后毕业的出路是什么、应该为毕业找工作做哪些准备。因此，大学期间需要制订明确的职业规划，找准自身的定位和寻找差距，引导低年级学生拥有拼搏上进的精神，提高社会适应能力。

（2）有利于提高大学生的就业能力，树立正确的就业观和择业观

大学生就业途径有选择继续深造或者直接就业创业。有一部分大学生对于自己未来就业的方向摇摆不定，还在考虑"到底是考研还是直接就业"。因此，学校对大学生职业规划进行全面、全方位指导，让大学生慢慢地明晰目标，培养独立的择业就业决策能力，塑造良好的就业心态。一份明晰的职业规划能够让大学生少一些随波逐流、盲目追随和好高骛远，多一些脚踏实地、勤学苦练和自身的思辨能力。这样才能让大学生从自身的实际情况出发，从社会对人的需求出发，清楚未来就业中所需的人才类型，提高找工作的自信心以及对工作的胜任能力。

10.1.3　职业生涯规划的内容

（1）树立职业理想，确立职业目标

职业理想是指人们对符合自己意愿的职业种类及所要达到的职业成就的向往和追求。合理恰当的职业理想对大学生的成才具有非常重要的意义，它是一个人成就事业、为国家社会作出贡献的内在精神动力。职业理想形成后，每个人都会确立明确的职业目标，职业目标有短期目标和长期目标，并且在一定时期内有可能对职业目标进行一定的调整。职业生涯设计是根据一定的职业目标而进行的，是为了实现这个目标而做的打算和设想。

（2）正确进行自我分析和职业定位

一个有效的职业生涯规划必须是在充分且正确认识自身条件与相关环境的基础上进行的。自我评价要客观、准确，既要看到自己的优点，又要面对自己的缺点，这样才能避免设计时的盲目性。职业定位就是要为职业目标与自己的能力，以及主客观条件谋求最佳匹配，即人职匹配。所谓人职匹配，指的是将个人的主观条件（如个性心理、知识、技能、经验等）与打算从事的职业岗位的要求（如个人特征、知识、技能、经验等）相比较，帮助个人寻找与其个人条件较为一致的职业，最终达到人与职业的最佳匹配的过程。良好的职业定位是以自己的兴趣、性格、才能等信息为依据，要选择适合自己特长、符合自己兴趣、经过努力能很快胜任的职业。

（3）依据所学专业及能力特长兼顾社会需求设计职业生涯

大学生在职业生涯规划时只有把个人志向与国家利益、社会需求和自己所学的专业结合起来，统筹考虑，才能真正实现自己的职业理想，才具有现实可行性。职业生涯规划还要与自己的个人性格、兴趣、能力特长相结合，充分发挥自己的优势，扬长避短。

10.1.4 职业生涯规划的环节

职业生涯规划环节主要有以下 7 点，如图 10-1 所示。

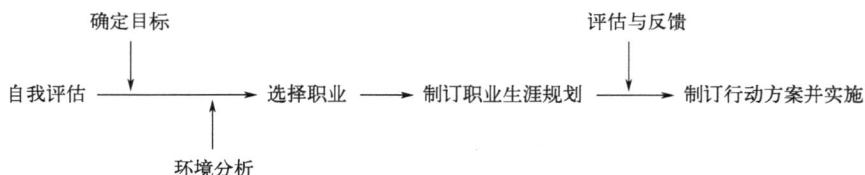

图 10-1 职业生涯规划的环节

（1）自我评估

自我评估就是对自己的兴趣、特长、性格、学识、技能、智商、情商及组织管理、协调、活动能力等做出全面而深刻的分析，找出自己的优势、劣势、优点、缺点等，为设定生涯路线、目标，制订生涯计划提供依据。

【心中有数】

MBTI 人格测试

求职应聘者（尤其是应届毕业生），利用 MBTI 职业性格测试了解自己的性格偏好、优势和劣势，从而为求职提供更为明确的岗位指导。通过了解自己的思维方式、行为方式，结合对应的职业岗位，可以充分发挥自我价值，获取职业成就。

MBTI 提供的性格类型描述仅供测试者确定自己的性格类型之用，性格类型没有好坏之分，只有不同。每一种性格特征都有其价值和优点，也有缺点和需要注意的地方。清楚地了解自己的性格优劣势，有利于更好地发挥自己的特长并尽可能地在为人处世中避免自己性格中的劣势，更好地和他人相处，更好地做出重要的决策。

（2）确定目标

俗话说："有志者，事竟成""志不立，天下无可成之事"。志向反映着一个人的理想、胸怀、情趣和价值观，影响着一个人的奋斗目标及成就，确定目标是指导人生发展的首要基础。每个人都有理想，如果不行动起来，再好的理想也只是空中楼阁。

（3）环境分析

人是社会中的人，不管是学习还是工作，都是在社会中进行，需要适应社会需要，因此环境分析是必不可少的，主要可以分为分析他人、分析政治、分析经济等方面。不同的工作场所均由不同年龄、专业、性格、兴趣的人组成，全面了解他人情况，有助于确定自己的优势与强项，准确把握自己的奋斗目标与方向；认真分析国家政策、法规及政治导向，可以借助政策合理地确定生涯目标；分析经济环境，如了解经济增长率、就业率等情况，可以借此确定科学的职业生涯目标。

（4）选择职业

个人职业选择可遵循如下准则。

① 择己所爱。兴趣是最好的老师，在选择职业时，务必考虑自己的特点和兴趣。

② 择己所长。任何职业都要求从业者掌握一定的技能，具备一定的能力。一个人不能

掌握所有的技能，要尽量在职业选择中发挥自己的优势。

③ 择世所需。社会的需求不断演化，旧的需求不断消失，新的需求不断产生，新的职业也不断产生。所以在选择职业时，一定要分析社会需求，将目光放长远。

④ 择己所利。通俗来讲，职业是谋生的手段，在择业时，要遵循利益最大化原则，慎重明智地在由收入、社会地位、成就感和工作付出等变量组成的函数中找出一个最大值。

（5）制定职业生涯规划

通过以上4个环节，制订不同年限的生涯规划，如1年、3年、5年、10年乃至更长。主要内容可以是确定这一生想干什么、想成为什么样的人、想取得哪些成就等；规划在10年中要做几件事、取得什么样的社会地位、获得多少收入等；将10年规划分阶段进行细分，制订出5年、3年、1年计划，分阶段实施、推进；还可以做出月、周、日的具体安排，将计划细分。

（6）制订行动方案并实施

没有行动，就不能达到目标。在拥有了生涯规划后，要根据列举的规划制订落实目标的具体措施。例如，在学习方面，计划采取什么措施；在综合素质方面，采取什么措施可以全面发展。注意一定要细致且有效。

（7）评估与反馈

俗话说："计划赶不上变化。"影响生涯规划的因素很多，有的变化因素是可以预测的，而有的变化因素难以预测。在这种状况下，要使生涯规划行之有效，就需要不断对生涯规划进行评估与反馈，反馈的内容包括职业的重新选择、人生目标的修正、实施措施与计划的变更等。

在进行职业规划的过程中，需要遵循的原则有连续性原则、可量化原则和现实性原则。连续性原则是指不仅要保持大学期间目标的连续性，还要保持毕业后的目标和大学期间目标的连续性，但这里的连续性不意味着一成不变。可量化原则是指制订的职业生涯规划尽可能看得见、摸得着，不能泛泛而谈、言之无物、内容空洞。现实性原则是指要实事求是，一切从实际出发，遵守客观规律，要寻求既发挥个人优势又符合客观现实的职业目标，切忌眼高手低、不切实际。

10.2 就业观念与策略

10.2.1 大学生就业观的基本特征

就业观是指对求职就业所涉及的职业与职业选择等问题的根本观念和基本看法，是个体在一定的人生观的指导下，对自己未来所从事的职业及发展目标的基本认识和态度，是一个人的人生观、价值观、工作观、劳动观等在就业问题上的具体表现。大学生的就业观，即大学生毕业走向社会时选择职业的观点和态度，是人生理想在择业问题上的反映。

（1）开放多元

大学生处在时代前沿，是新方式、新潮流和新思维的体验官。大学生的观念受社会环境的直接影响，有什么样的社会理念就会产生什么样的就业观念。在创新、协调、绿色、开放、共享的新发展理念影响下，单一封闭的就业观念已无法适应新时代社会发展形势，新时代大学生就业视野开阔，就业态度开放，认同"行行出状元"的平等就业观，就业选择多元，就业标准多维，敢于突破束缚，坚持自我，应对各类挑战。同时，新时代大学生就业更具国际视野，就业渠道从国内拓展到国外。

（2）追求发展

人民日益增长的美好生活需要是新时代主要矛盾的一方，大学生都有对美好生活的向往，具体而言，大学生不仅希望"能就业"，而且更希望"就好业"。新时代大学生对"就好业"的标准发生了重大变化，主要表现为在保障基本生活条件的基础上更加关注个人成长。

今天，职业的内涵和外延都发生了很大的变化，社会分工的变化使得新旧职业更替频率更快，面对变化的形势，大学生应能够用动态的视角来看就业，关注未来的发展，行业的发展态势、城市的发展潜力、组织的发展愿景和个人的发展高度。

（3）理性主动

"十四五"期间，劳动力市场也面临需求侧和供给侧的重大转型，这对大学生综合素质提出了更明确的要求，高等教育人才培养不适应经济转型的情况进一步加剧，很多地方出现了"求职难"与"招人难"并存，供需双方同时表示招不到人和找不到工作，结构性矛盾在高校毕业生就业中越来越明显。整体而言，高校毕业生就业形势持续复杂严峻。面对这一情况，大学生应更加积极主动地做好求职准备，在就业过程中更加专注和认真，用理性和开放的态度面对就业。

在社会主义市场经济体制影响下，当代大学生的就业期待越来越理性，就业目标越来越务实，面对激烈的竞争普遍能够理性地看待，并根据自身实际适时调整。新时代大学生注重薪酬福利、假期休闲、环境氛围、工作生活平衡和未来发展，倾向于给自己带来物质财富和精神财富的工作，就业需求更加客观，就业心态更趋务实。

（4）职业平等

当代大学生更尊重劳动，主要表现为全面的、平等的和发展的就业信念。实现中华民族伟大复兴需要全社会各个行业、职业、岗位共同努力。在实现"两个一百年"奋斗目标的进程中，任何职业都有存在的价值，每个职业都发挥重要作用，不存在高低贵贱之分。每个职业都是平等的，都有人生出彩的机会。大学生应认清就业形势，正视劳动价值，摒弃"天之骄子"光环，不挑不拣，树立平等、发展、全面的就业观念。

（5）追求价值

当代大学生成长的环境优越，物质产品和精神产品供给充足，学生的经济压力较小，倾向于根据个人喜好进行评价和选择，对喜欢的事物会全力投入，对于不喜欢的事物，不会强迫自己做出改变，表现为亲己喜而疏己厌。在就业选择上，大学生会把自身喜好作为重要依据，在行业、地域、单位类型、岗位的选择上，个人喜欢与否与喜欢的程度往往对职业选择倾向产生重要影响。

新时代大学生在通过就业实现个人理想的同时，也会关注就业的社会价值，旗帜鲜明地表达出对国家发展和时代进步有所贡献的期待，在职业选择标准中考虑国家需要和社会需要，积极认同"到祖国需要的地方""小我融入大我""从基层做起"的就业观念，将自我发展和国家社会发展相结合，积极正向、务实理性地面对就业。

10.2.2　大学生常见的就业误区

（1）一次选择定终身

个别大学生在求职时，希望一步到位，也就是工资待遇、职位都要达到高档次、进入高层次，而不愿意在基层岗位经受锻炼，积累经验。或是在择业时，不顾市场经济下职业的变化趋势，希望永久地在一个行业中干下去。他们对职业的选择往往希望起点高、职位高、薪水高，对自己能为企业创造的价值考虑较少，对工资待遇考虑较多。

有些同学认为，读了大学就应该找一份稳定的工作。但是这种观念已难以适应新的发展要求，具有极大的风险。首先，社会在发展，职业也在不断分化组合，有的还会消失；其次，现有工作岗位可能因为种种原因而消失；最后，由于劳动者自身经验、能力、性格等原因，工作岗位也可能变化。随着社会主义市场经济体制的确立和完善，社会职业流动已成为常见现象，因此，一个人最开始的选择可能不是最后的发展方向。

（2）过度关注专业对口性

专业对口、学以致用是求职者的愿望，然而，与专业对口的社会岗位群相对狭窄，就业空间受到限制。大学生不应该被专业束缚选择职业的空间，而应根据自身的实际情况，适应社会对人才的需要，转移专业兴趣，自觉培养新的爱好，锻炼多方面的能力，"干一行，爱一行。爱一行，专一行"。近年来社会上以综合素质为主要考察重点来进行招聘的实践证明，复合型人才大受欢迎。大学生的学习不能单纯强调专业知识技能，还要注重思维方式、适应能力、生存能力、发现问题和解决问题能力的培养。大学几年的学习不过是入门教育，重在"学会学习、学会生存、学会关爱"，真正的专业能力还有待在工作实践中，通过有针对性地再学习和从业经验的积累，逐渐清晰而最终形成。

（3）职业理想化

理想与现实脱节主要是因为多年的教育使大学生树立了很高的理想，总希望自己毕业后有一个能够实现理想的工作。找一份称心如意的工作是每个大学生的心愿，但这个心愿必须具有现实可能性，不能过于理想化。学生不能一厢情愿、不切实际地高估自己，不现实地要求社会，把自己的职业前途建立在空中楼阁之上，否则不但会影响学生及时就业，而且会导致已就业的人不安心本职工作，最终影响自己的成长和进步。实际上，一般情况下，大学毕业以后可能会经过一定的职业调整，才能知道自己真正喜欢什么工作、社会又能提供什么工作，做到个人的理想与现实很好地结合在一起。所以，大学生应该正确看待自己，在职业选择及职业活动中既形成合理恰当的职业理想，又脚踏实地地根据现实情况，一步一步地努力，在工作中不断增长才干，最终实现职业理想。

（4）缺乏艰苦奋斗精神

在大学生就业过程中，有些毕业生只顾眼前，不顾长远，不愿意到生产建设第一线，不愿意到边远农村，怕到基层，怕就业环境差，怕缺乏发展空间，一心只求舒服的环境和丰厚的待遇。仅从就业去向而言，毕业生就业集中在东部和大中城市，而求贤若渴的广大中西部地区，农村基层、城市社区缺乏人才的问题仍然没有解决。在现实生活中，有些大学生与社会接触少，实践经验少，社会阅历浅，极少有机会到艰苦的地方锻炼，普遍缺乏艰苦奋斗的精神。每个渴望自己能够成为社会有用之才的大学生，都要有到艰苦环境中锻炼的勇气和精神准备，都应着眼于长远发展。

10.2.3 树立正确的就业观

习近平总书记十分关心高校毕业生就业情况，在四川考察时强调"要进一步挖掘岗位资源，做实做细就业指导服务"，勉励大学生"保持平实之心，客观看待个人条件和社会需求，从实际出发选择职业和工作岗位"。重要指示、殷殷嘱托，明确了政府和社会各方面在支持大学生就业上的责任，为大学生树立正确的择业观、就业观指明了方向。

（1）转变就业观念，树立正确的择业观

正确的择业观是实现顺利就业的加速器和催化剂，可以放大就业政策的效应，拓宽就业的渠道和就业面，更快地找到适合自己的工作。我们要坚信"行行出状元"，只要我们在岗位上有理想、敢担当、勤勤恳恳、任劳任怨、奋力拼搏，无论是在乡村振兴、社会服务、戍边卫国、科技创新等各领域里都能实现自身的价值，都能够建功立业，使我们的青春绽放出绚丽的光彩，实现人生奋斗的目标。因此，我们在就业之前不仅要坚定信心，更要树立正确的择业观，彻底摒弃"高不成低不就"的择业观念，以平常之心客观地看待自身的条件和社会的需求，以避免自己在就业上少走弯路，助力我们从学校到社会转变目标的顺利实现。

（2）认识就业大环境，把握行业趋势，拓宽职业视野

了解行业发展趋势是认清就业环境的重要环节。在数字化时代，大学生要充分利用网络资源，如新闻、招聘网站等渠道，了解自己所关注行业的最新动态和未来趋势，了解市场需求。通过了解行业发展趋势，大学生可以更好地把握就业机会，为自己的职业规划提供更有价值的参考。同时要结合自身的专业背景和技能，分析自己在哪些行业或职位中能够发挥优势，从而实现个人价值最大化。此外，要敢于拓宽职业视野，不拘泥于专业对口，敢于尝试新兴行业和跨界发展。

（3）自我分析，合理定位，明确就业目标

作为一个有思想、有抱负的大学生，对自己的形象和身心、品德和才能、优点和缺点、过去和现状，以及自己所具备的价值和应承担的责任，都会有一定的认识。然而，这些自我认识是否符合自己的本来面目和实际情况，会出现很多差异。例如，有些人很容易看到自己的优点和长处，而看不到自己的弱点和错误；也有些人看到自己的弱点和不足，却看不到自己的一点长处。自我认识是为了更好地了解自己。只有认识了自己，才能对自己的职业作出正确的选择，才能选定适合自己发展的职业生涯路线。自我认识的内容包括自己的兴趣、特长、性格、学识、技能、智商、情商、思维方式及社会中的自我等。大学生可以通过参与实践活动、社团组织等，发现自身的兴趣、特长和潜力，从而明确自己的职业倾向。

（4）面向基层就业，牢固树立基层服务意识

青春的样子，本就是有理想、敢担当、能吃苦、肯奋斗的样子。树立积极的就业观念，在乡村振兴、绿色发展、社会服务、卫国戍边等各领域各方面工作中争当排头兵和生力军，一样能实现青春的价值，还能为一生的奋斗奠定基石。在大学生志愿服务西部计划中，有的青年在打赢脱贫攻坚战中建功立业，有的青年成长为省级"优秀共青团员"，得到了磨炼和成长；在"三支一扶"计划中，大学生"新农人"把现代农业知识和技能带到农村，既助力端牢中国饭碗，又拓展自身的职业赛道。到祖国和人民最需要的地方发挥光和热，不仅能够留下无悔的青春记忆，而且将在基层磨炼中获得受用终身的精神财富，为走好职业生涯提供源源不断的滋养。

（5）积极乐观的就业心态

求职过程中，可能会遇到各种困难和挫折，容易产生焦虑、压力等负面情绪。大学生应该注重调节自己的心态，要保持积极的心态，勇敢面对挑战，增强自己的自信心和竞争力。在失败中汲取教训，调整策略，再次出发。同时，要学会寻求帮助，与身边的老师、同学、家人分享自己的困境和想法，他们的支持和鼓励会成为自己前进的动力。

10.3 职业选择与就业准备

10.3.1 职业的分类

职业是参与社会分工，运用专门的知识和技能，为社会创造物质财富和精神财富，从而获取合理报酬以满足物质生活需求，并满足精神追求的工作。社会上存在很多分工，在分工体系的每一个环节上，劳动对象、劳动工具以及劳动的支出形式都各有特殊性，这种特殊性决定了各种职业之间的区别，因此需要对职业进行分类。职业分类，是指按一定的规则、标准及方法，按照职业的性质和特点，把一般特征和本质特征相同或相似的社会职业统一归纳到一定类别系统中的过程。

【阅读材料】

职业分类作为制定职业标准的依据，是开展职业教育培训和人才评价的重要基础性工作。2022 年 7 月，人力资源和社会保障部公示了新修订的《中华人民共和国职业分类大典》，是以 2015 年版为基础，将近年来已发布的新职业纳入其中，保持大类体系不变，增加和取消了部分中类、小类及职业（工种），优化调整了部分归类，修改完善了部分职业信息的描述。

目前我国的职业主要分为 8 大类，分别是"党的机关、国家机关、群众团体和社会组织、企事业单位负责人""专业技术人员""办事人员和有关人员""社会生产服务和生活服务人员""农林牧渔生产及辅助人员""生产制造及相关人员""军队人员"和"不便分类的其他人员"。

10.3.2 毕业生去向选择

10.3.2.1 企业单位

企业就业是指大学生在毕业之前，通过学校推荐或自行参加招聘会，与用人单位签订《就业协议书》，毕业时即到签约单位就业的方式。每年，各高等院校会举办用人单位和毕业生供需见面会，毕业生和用人单位经过双向选择相互确定后，签订《就业协议书》，待正式毕业后，与用人单位签订劳动合同，成为该用人单位的正式员工。如若干土木工程专业毕业生通过招聘会签约至中铁十九局、中铁二局等单位。

10.3.2.2 升学深造

升学深造主要包括参加研究生考试、普通高校专升本考试、成人高考、对口升学考试、高等教育自学考试等。大学生通过深造一方面可以提高自身学历层次；另一方面也能缓解社会就业压力。如风景园林专业的乔同学考研至重庆大学、谢同学考研至西华大学。但是无论是就业还是升学，都要理性选择，不可盲目跟风。每个大学生要结合自己的情况，做出适合自己的选择。

10.3.2.3 国家项目就业

国家项目就业是指大学生通过参加国家、地方就业项目来实现就业的一种方式，引导学生到西部、到基层、到祖国需要的地方去。

（1）报考公务员

2018 年修订的《中华人民共和国公务员法》中规定："本法所称公务员，是指依法履行公职、纳入国家行政编制、由国家财政负担工资福利的工作人员。"公务员考试是指国家行政机关通过法定程序，采取公开考试、严格考察、平等竞争、择优录取的办法，录取优秀人才担任一级主任科员以下及其他相当职级层次的公务员的方法。在 2019 年《公务员录用规定》的文件中，关于考试录用的程序有着明确的规定，共有七个步骤：发布招考公告、报名与资格审查、考试、体检、考察、公示、审批或者备案。这七个步骤可以划分成准备、实施、复审及完成四个阶段：发布招考公告、报名与资格审查是准备阶段；考试是实施阶段；体检与考察是复审阶段；公示、审批或者备案是完成阶段。

【心中有数】

公务员考试一般分为国家公务员考试和各省公务员考试，表 10-1 可以帮助大家区分二者。

表 10-1 国考和省考的区别

区别	国家公务员考试	各省公务员考试
定义	中央机关及其直属机构招录公务员考试	地方各级党政机关、社团等为招录机关工作人员和国家公务员而组织的各级地方性考试
组织单位	中共中央组织部、人力资源和社会保障部、国家公务员局	省委组织部、省人力资源和社会保障厅、省公务员局
招考对象	符合基本法定条件和各职位特定条件的我国公民，全国各省区居民均可报考，基本无户籍限制	符合基本法定条件和各职位特定条件的我国公民，部分省区的部分职位有户籍限制
招考范围	面向全国举行	面向本省范围内举行
考试时间	一般是前一年 10～11 月报名，11 月底或 12 月初考试	北京、上海在国考一个月后，联考省份在当年 4 月份举行考试，部分省份一年有两次招考
难度	笔试难度较大，包括行测和申论	比国考容易，且考察省情市情，大部分省也是行测和申论
考试地点	考生自由选择考点	必须在招考的省份考点参加考试
编制	属于国家公务员序列	属于地方公务员序列

（2）参加大学生志愿服务西部计划

大学生志愿服务西部计划（简称西部计划）是经国务院常务会议决定，由共青团中央、教育部、财政部、人力资源和社会保障部共同组织实施的一项重大人才工程。从 2003 年开始，按照公开招募、自愿报名、组织选拔、集中派遣的方式，每年招募一定数量的普通高等学校应届毕业生或在读研究生，到西部从事 1～3 年的教育、卫生、扶贫等方面的志愿服务工作。志愿者服务期满后，鼓励其扎根基层，或者自主择业和流动就业。

（3）"三支一扶"计划

高校毕业生"三支一扶"计划是引导和鼓励高校毕业生到基层工作的示范性项目，是指大学生在毕业后到农村基层从事支农、支教、支医和扶贫工作，目的在于为高校毕业生向基层单位落实就业问题提供具体的指导和保障。计划的政策依据是原国家人事部2006年颁布的第16号文件《关于组织开展高校毕业生到农村基层从事支教、支农、支医和扶贫工作的通知》。

全国各个地区"三支一扶"报名的时间，主要集中在每年的3～7月份，同学们可通过各省的人事考试网或其他官方公告获取信息。

（4）大学生参军入伍

国家鼓励大学生应征入伍服义务兵役，这里的大学生是指根据国家有关规定批准设立、实施高等学历教育的全日制公办普通高等学校、民办普通高等学校和独立学院，按照国家招生规定录取的全日制普通本科、专科（含高职）、研究生、第二学士学位的应（往）届毕业生、在校生和已被普通高校录取但未报到入学的学生。高校毕业生应征入伍服义务兵役要经过网上报名预征、初审初检，并根据是在学校所在地应征入伍，还是在入学前户籍所在地应征入伍，进行后续的体格检查和政治审查，最后办理入伍手续。高校毕业生应征入伍服义务兵役，除享有优先报名应征、优先体检政审、优先审批定兵、优先安排使用"四个优先"政策，家庭按规定享受军属待遇外，还享受优先选拔使用、学费补偿和国家助学贷款代偿、退役后考学升学优惠、就业服务等政策。

高校中，大学生应征入伍工作由学生管理部门或学校武装部门牵头负责。有意向参军入伍的大学生可向所在学校学工部（处）、就业中心、资助中心或武装部咨询有关政策，具体可见全国征兵网。

10.3.2.4 自主创业

自主创业是指大学生毕业后不是"寻求"工作，而是选择自己或与他人合作创办公司。自主创业已成为目前大学毕业生的一种新的就业途径。它将大学生从雇员转变到雇主的位置，同时也对大学毕业生的知识、能力和综合素质等方面提出了更高的要求。要实现自主创业，大学生应首先认知自我并培养科学规划、团队管理、谈判、处理突发事件、学习、社会交往等多种能力。同时，为支持大学生自主创业，国家各级政府均出台了很多优惠政策。

10.3.3 就业的准备

10.3.3.1 简历准备

简历是大学生学习生活、工作经历的一个缩影。通过简历，用人单位对毕业生的工作经历、受教育程度、兴趣、特长等情况有一个初步了解。简历的真正目的是让用人单位全面了解自己，从而为自己创造面试的机会。

（1）简历的格式

简历的格式应便于阅读，给用人单位留下良好印象。简历一般采用表格形式，这样可以比较直观、清晰地将求职者的个人情况、经历表达出来。简历的书写格式一般有两种：一种是按年月顺序列出自己的学习、工作经历；另一种是根据需要有选择地列出自己的学习、工作经历，充分展示自己具有的技能、素质。对于刚从大学毕业的大学生来说，学习经历较简单，所以一般采用第一种格式；如有几年工作经历后，可选择第二种格式。

（2）简历填写的要求

个人简历对于求职者获取初步面试的机会极其重要。因此，在填写简历时一定要真实，符合自己的实际情况，保证简历的内容都是属于自己的。同时，也要注意相关的填写要求。

① 个人基本信息

个人基本信息主要包括姓名、性别、出生年月、政治面貌以及联系方式（包括通信地址、联系电话、电子邮件）等。填写个人基本信息时，应讲究条理性和点到为止。

② 求职意向

一定要写清楚希望从事的行业或职业，以便用人单位了解求职者从事该行业的决心。在填写求职意向时要直截了当地表明应聘职位，如"求职意向：行政助理"。

③ 教育背景

教育背景包括毕业学校、所学专业、学位等。填写时应注意时间倒叙，即把最近获得的学位或最高学历写在前面。

④ 主要课程

毕业生应将在校学习的主要课程（主修课、辅修课与选修课）进行罗列，尤其是体现与所谋职位相关的学科和专业知识。当然，不必面面俱到，如果用人单位对你的大学成绩感兴趣，还可以给他们提供全面的成绩单，不用在求职简历中过多地描述，做到有的放矢。为了强调专业特长，尤其是特殊专业，也可以把与应聘工作相关的课程集中起来，特别是专业课程，以便用人单位能够一目了然，选择到他们所需的人才。

⑤ 工作实践经历

工作经历是简历中的重头戏，无论是全职还是兼职，是校园实习还是社会实践，是发表的文章还是取得的成果等，都可以算作工作经历。

书写的内容一般包括：职务、职责以及业绩。其中，工作成就一定要用数字量化表达，避免使用"许多、大量、一些、几个"这样模糊的词汇。

⑥ 获奖情况

在校期间获得的各种奖励、奖学金或其他荣誉称号是学生生活中的闪光点，应列举出来。如果多次获得多项奖学金，也可一一列出，以增加分量。但需要注意的是，在罗列奖项时一般应采用时间倒序的形式，或者按重要程度从大到小的顺序进行排列。

⑦ 兴趣与爱好

兴趣是爱好的推动者，爱好是兴趣的实践者，人们对职业的选择往往以自己的兴趣和爱好为出发点。例如，在工作、学习之余，是爱好读书还是闲聊；是爱好跑步还是打球；是爱好舞蹈还是音乐等，这些是在求职择业前必须考虑的因素。因为有的职业需要某种兴趣爱好，而有的职业则明确禁止或限制某种爱好。

⑧ 自我鉴定

自我鉴定一般是概括自己的突出优势、工作态度或座右铭等。表达不能太啰唆，应言简意赅，力求有总结升华的效果。

（3）简历的撰写技巧

① 一页为宜，针对性强

一页简历一般就能将各方面情况说明清楚。如果经历较丰富、较为出色的同学，采用两页简历也完全足够了。如果超过两页，很可能说明无用的内容太多，比如应聘销售岗位的简历，重点表达自己的销售能力和最终成果，对于自己曾经的科研经历和能力以及成果就当作绿叶，衬托一下即可，不必浓墨重彩。总之，要针对不同岗位的能力要求，将自身的优势有机整合，避免让自己成为"万金油"，使简历失去针对性。

② 突出关键，吸引目光

简历的整体内容较多，在一些需要引起重视的地方，或者某些关键词上，可以采用粗体、标红、添加下划线等方式进行突出强调，整个简历一般可有三四处采用此方法。

③ 表达客观，语言朴实

简历是一种客观表达求职者经历和能力的材料，措辞一定要诚恳、朴实，不要过于华丽。比如"我希望拥有这样一个人生，它在经历了无数风雨后仍是一道最亮丽的彩虹"等这类句子最好不要使用。

④ 结构分明，阅读舒适

招聘人员每天要阅读大量的简历，已经养成了一种阅读习惯和逻辑。一般简历六大结构的逻辑顺序是："个人信息-求职意向-教育背景-工作实践-获奖情况-自我鉴定"。有的同学独树一帜，将顺序颠倒或者进行重大调整，违背了招聘者的阅读习惯，让他花更多时间寻找信息而不是阅读信息，最终只会弄巧成拙。

⑤ 消除错字，预防歧义

由于电脑打字，尤其是拼音打字，会使简历中产生错别字。同学之间可以互换简历，查漏补缺。

10.3.3.2 笔试准备

笔试通常应用于大规模的员工招聘中，可以帮助用人单位在较短的时间内了解求职者的基本情况。了解笔试的相关知识和技巧，可以帮助求职者从容应对笔试，取得好成绩。一般来讲，进行笔试准备时应注意以下几方面。

（1）平时认真学习

良好的笔试成绩来自大学期间的努力学习和积累。大学学习的不仅仅是专业课程和基础知识，更在于平时各方面知识的学习与积累，以及对社会信息的了解。课堂学习只占大学学习的一部分，平时的积累是非常重要的。

（2）进行必要的复习

复习已学过的知识是准备笔试的重要方式。从考试准备的角度讲，知识可以分为靠记忆掌握的知识和靠不断应用掌握的知识。用人单位比较重视考核求职者对所学知识的应用能力。一般来说，笔试都有大致的范围，应试者可围绕这个范围查阅有关的图书资料，并注意灵活运用知识解决实际问题。

（3）保持良好的身心状态

参加笔试需要良好的心理素质。求职者在临考前，一要正确评价自己，树立自信心，调整好心理状态；二要保持充足的睡眠，可以在考试前参加一些文体活动，使高度紧张的大脑得到放松和休息，以充沛的精力参加考试。

10.3.3.3 面试准备

面试是用人单位在规定的时间和空间内通过与求职者当面交流来考核求职者的一种招聘

测试。通过面试，用人单位不仅可以直接了解求职者的仪表和言谈举止，还可以了解求职者的总体素质和各方面的才能。对于毕业生来讲，面试是一种综合性极强，集多种知识、能力于一体的多方面考核方式。

（1）面试的形式

面试的形式包括问题式、压力式、随意式、情景式。在实际面试过程中，用人单位可使用一种面试形式，也可使用几种形式的组合。

① 问题式。这是一种最常规的面试形式，由招聘者按照事先拟订的提纲对求职者进行发问，由求职者予以回答。目的在于观察求职者在特殊环境中的表现，考核知识与业务能力。

② 压力式。由招聘者对求职者施加压力，就某一问题或某一事件对求职者连续发问，追根问底直至无以对答。目的在于观察求职者在压力下的思维敏捷程度及应变能力。

③ 随意式。招聘者与求职者随意交谈，气氛相比前两种方式更加轻松活跃，招聘者与求职者可以自由发表言论，各抒己见。目的在于观察求职者的综合素质。

④ 情景式。由招聘者事先设定一个情景，提出一个问题或一项计划，请求职者进入角色模拟完成该问题或该项计划，目的在于考察求职者分析问题、解决问题的能力。

此外，面试还分为单人面试和集体面试。单人面试是指由用人单位对求职者单独进行的面试。集体面试是指由很多求职者在一起进行的面试。就招聘者来说，这样可以在专业、地域及其他各方面都有较大的选择余地。随着科技的发展，在线视频面试也是目前常用的面试方式。

（2）面试的内容

仪表风度。指求职者的相貌服饰、谈吐举止、精神状态等。像教师、公关人员、职业经理人等职位，对仪表风度的要求较高。一般仪表端庄、衣着整洁、举止文明的人，做事有规律、注意自我约束且责任心强。衣冠不整的人往往作风不严谨、思维不缜密、缺乏责任心。

专业知识。用于了解求职者掌握专业知识的深度和广度。一般包括所学专业的特点、课程设置、学习成绩、外语水平等，尤其是对空缺岗位所需专业知识的考察定会更加深入。

工作能力。一般依据求职者的个人简历或求职登记表做出相关的提问。了解求职者的相关背景及过去工作的情况，通过工作经历与实践经验的了解，还可以考察求职者的责任感、思维力、口头表达能力等。

应变能力。考察求职者对主考官所提问题是否准确理解，且能否迅速作答。对于突发问题的反应是否机智敏捷、回答恰当。对于意外事件的处理是否得当等。

自我控制能力。自我控制能力在各行各业中的作用显得尤为重要。一方面，在遇到上级领导的批评指责、工作压力或是个人利益受到冲击时，能够克制、容忍、理智地对待，不会因情绪波动而影响工作；另一方面，工作要有耐心和韧劲。

工作态度。主要是通过对求职者过去学习、工作态度的了解，来判断在新的工作岗位上，求职者是否能够做到勤勤恳恳、认真负责。

求职动机。了解求职者为何希望来本单位工作，在工作中追求什么，判断本单位所能提供的职位或工作条件等能否满足其工作要求和期望。

（3）面试的技巧

注重肢体语言。保持良好的仪态，不要表现出拘谨的样子。

语言表达技巧。讲话要坦率自信。重点介绍自己所取得的重大成绩，但也要避免自吹自擂或夸大其词。不要怕停顿。

学会耐心地倾听。在主考官介绍公司、求职岗位的情况，将面临的挑战以及存在的问题时，要仔细倾听、用心倾听。

回答问题的技巧。回答问题要先说论点后说依据，可以适当举例，扬长避短。

坚持真我本色。敢于承认自己工作经历中负面的东西，不要否认，并想办法将其转变成有利于自己的东西。

将面试的压力最小化。有些主考官认为，了解求职者如何应对压力，将有助于全面了解一个人，因此他们往往会在面试中故意给求职者制造一些压力。

【心中有数】

给同学们提供几个面试禁忌，一定要注意。

迟到。时间观念是体现一个人对待事情认真程度的表现。在职场中，守时除了体现出你的专业和态度，还体现了你的智慧和预见性。

态度傲慢。过于傲慢的人会让人不想与之共事，在职场上也很难把控，在团队合作中很难协作。

上来就谈薪资待遇。面试场合最好是让面试官做操控方，你按照对方的节奏来合理清晰地回答问题，把对方想要的给到对方，在面试官没有进一步表态的时候不要急于询问薪资待遇。

未做足功课。没有提前了解该公司的具体情况，面试官问到时答不出来。

没有诚意。有些求职者一边渴望进入现在面试的公司，一边又暗示着有其他公司的工作机会。

10.4　创业之路

10.4.1　大学生创业

10.4.1.1　创业的概念

创业是创业者及其创业搭档对他们拥有的资源或通过努力对能够拥有的资源进行优化整合，从而创造出更大经济或社会价值的过程。创业是一种需要创业者及其创业搭档组织经营管理、运用服务、技术等进行推理和判断的行为。

10.4.1.2　大学生创业的特点

（1）创业领域

当前大学生创业的领域主要集中在服务业，因为门槛较低，特别是商贸、物流方面。其次，一些大学生的创业领域与所学专业相关。

（2）创业心态

大学毕业生的创业心态越来越理性，考虑得比较全面，抱着务实的心态确定创业的实施。

（3）对创业的理解

大学生对创业的理解比较片面，认为传统的小买卖、小店铺、摆摊就是创业；相当一部分人还不明白"用智力换资本"才是大学生创业的特色和必然之路。

（4）创业不能付诸行动

想创业的大学生很多，但真正付诸行动的却很少。在大学生群体中，超过半数的人想过创业或表达过创业的意愿，但最终真正创业的人却极少。

（5）创业成功率低

由于大学生涉世未深，缺乏各种经验等，很容易导致大学生创业夭折。对于创业中的失败和挫折，许多大学生感到迷茫，不知道前进的方向。

10.4.2　创业者的准备

创业是一项复杂的活动，不仅要求创业者具备广泛的知识、丰富的经验，更要求创业者本身必须具备一些特点和品质。创业的核心是一个"创"字，它要求创业者拥有非凡的勇气和毅力，敢于与一切困难作斗争。同时，创业也要求创业者独具慧眼，敢于创新。

10.4.2.1　创业必备的基本素质

（1）强烈的创业意识

创业意识，是指创业者在创业过程中起着动力作用的个性倾向，包括需要、动机、兴趣、思想以及世界观等心理成分。要想取得创业的成功，创业者必须具备自我实现、追求成功的强烈的创业意识。

（2）顽强的创业精神

创业精神是激发大学生创业动力的源泉，是支撑大学生创业活动的灵魂。当代大学生最需要具备的创业精神是开拓创新、敢于冒险、自信、自强、自主、自立。

（3）好的创业心理品质

创业的成功在很大程度上取决于创业者的创业心理品质。创业之路不是一帆风顺的，只有具备处变不惊的良好心理素质和愈挫愈勇的顽强意志，才能在创业的道路上自强不息、顽强拼搏，创造出属于自己的一番事业。

（4）积极的竞争意识

竞争是市场经济最重要的特征之一，是企业赖以生存和发展的基础。人生充满竞争，竞争的最终目的是取得最后的胜利。创业者只有敢于竞争、善于竞争，才能取得成功。

10.4.2.2　创业的知识准备

（1）管理知识

作为在校大学生，除了学好本专业知识外，还应该多学习一下管理学这门课程。我们不妨在进入大学后加入班委会，参加各类学生会和社团组织，有机会可以到辅导员办公室从事学生助理工作，这些都可以让自己得到锻炼。

（2）营销知识

在校大学生在日常的学习过程中不会过多地接触营销知识，但是我们可以通过以下方式进行学习：多去图书馆阅读与营销知识有关的书籍；可以选择性地去听一些管理专业的营销课程；多参加校内外的促销活动；利用寒暑假到一些企业从事兼职营销工作。通过这些工作，让自己在创业前不断积累营销知识。

（3）财务知识

预先了解和学习一些基本的财务知识是非常有必要的。建议大学生多参加一些相关财务管理知识培训，这些都是现在高校学生培训中比较热门的财务知识培训。

10.4.2.3　创业的能力准备

（1）学习能力

创业时，要想把工作做好，就必须有好学与善学的精神。大学生在校期间，要时刻关注国家关于创业扶持的政策，特别是关注学校就业指导部门对大学生创业方面提供的政策解读，以便为日后的创业积累政策参考依据。

（2）领导能力

创业者作为事业起步的"领头羊"，必须具备一定的领导才能和人格魅力。领导力主要来源于行业知识、人际关系、技能、信誉以及进取精神等多个方面。在校大学生不能单一地看学习成绩，还应该注重综合素质能力的培养。除了平时学好专业知识外，还应该多参加学校组织的社会实践活动，如学生会组织、大型比赛活动、班委会组织等。

（3）协作能力

俗话说"一个好汉三个帮"，创业是一件富有挑战性和压力性的工作，仅仅靠一个人单枪匹马是很难的，需要有一个出色的团队来支撑。因此，大学生创业可以尝试联络周边与自己有共同理想和追求的同学，形成合力，共同面对挑战。

（4）社交能力

社交能力是指能觉察他人情绪和意向，有效地理解他人和善于同他人交际的能力，包括与周围环境建立广泛联系，对外界信息的吸收、转化能力，以及正确处理上下左右关系的能力。对大学生创业者来说，利用人脉来扩大社交圈，通过朋友掌握更多信息、寻求更大发展，将成为成功创业的捷径。

10.4.3　创业的过程与方法

10.4.3.1　创业的步骤

（1）选择创业项目

在创业之前，大学生创业者首要的准备工作就是选择一个既能使自己发挥所长，又具有远大前途的创业项目。创业项目可以是有形的，也可以是无形的；可以是一种产品，也可以是一种服务。只有选择好了创业项目，其他工作才能依次进行。

（2）确定公司名称

最佳的公司名称，是要能够充分反映产品或服务与众不同的特色及独特性。在选择公司名称时应该具有前瞻性，所选的公司名称要尽可能地将自己的产品或服务推荐给消费者。在注册公司名称前要核实，确定所选的名称还未被登记或未在公司商标法的保护范围内。

（3）组建团队

企业的创办者不可能万事皆通，他可能是管理方面的专家，但对技术却一窍不通。因此，建立一个由各方面专家组成的团队是十分必要的。一个平衡且有能力的团队，应当包括有管理和技术经验的经理，以及财务、销售、产品设计等领域的专家。

（4）制订创业计划书

一份创业计划书，既是开办一个新公司的发展计划，也是风险资本猎头评估一个新公司的主要依据。由于创业计划书要求创业者描述公司的创业机会，阐述创立公司、把握这一机会的进程，然后说明所需的资源，揭示风险和预期回报，最终提出行动建议。因此，它是对创业者创业可行性的一次全面考验。

（5）募集资金

资金是大学生创业过程中不可缺少的资源，一定要先将资金募集充足。一个成功的创业者总是知道如何善用各种渠道去募集充足的资金作为创业的坚强后盾，千万不可只从单一渠道获取资金，以免资金周转出现困难时找不到应急的方法。

（6）公司登记及相关法规

在开始营业之前，大学生创业者必须了解所有与商业法规相关的规定、各类证照申请的细节。需要注意的是，由于区域不同对营利单位的规定可能有所差异，因此要明确自己所在县市区域，哪些是该特别注意的法律规范条文。通常，大学生创业者可以在各地的中小企业协会或商会取得相关信息。

10.4.3.2 创业的方法

（1）先就业再创业

以个人创业为目的的打工。首先要选择自己喜欢的工作，要选择所在地区颇具规模、有优势的企业。其次，有目的地去学习和积累经验；最后充分利用现有的资源平台打好基础，待时机成熟后，再努力开创自己的事业。

（2）"捆绑"成功人士创业

大学生有了创业计划后，可以寻找一位成功人士作为自己的标杆，有目的、有准备地用心学习该成功人士的思考方式、做事方法、处事原则等，并用心与成功人士成为朋友，以获得成功人士的帮助与指导。

（3）"摸着石头过河"创业

"摸着石头过河"创业法，是指一边创业一边修正创业失误，并不断克服创业困难的创业方法。这种方法能满足一些大学生创业者快速实现梦想的渴望，但在创业过程中可能会经历较多的挫折和失败。

（4）有效利用网络创业

网络创业的准入门槛低、成本低、风险小，并且方式也很灵活，特别适合初涉商海的大学生创业者。

第十一章　国内考研与出国留学

11.1　国内考研

11.1.1　研究生的概念

研究生教育属于国民教育序列中的高等教育，按照培养目标和培养方式，可分为专业硕士与学术硕士；按照学习方式可分为全日制与非全日制；按照录取类别可分为非定向就业与定向就业。

（1）专业硕士

专业硕士按专业学位类别培养并授予学位，重在面向行业产业发展需要，培养具备扎实系统的专业基础、较强实践能力、较高职业素养的实践创新型人才。

专业硕士培养突出教育教学的职业实践性，强调基础课程和行业实践课程的有机结合，注重实务实操类课程建设，提倡采用案例教学、专业实习、真实情境实践等多种形式，提升解决行业产业实际问题的能力，并在实践中提炼科学问题。

（2）学术硕士

学术硕士是依托一级学科培养并按门类授予学位，重在面向知识创新发展需要，培养具备较高学术素养、较强原创精神、扎实科研能力的学术创新型人才。

学术硕士培养突出教育教学的理论前沿性，厚植理论基础，拓宽学术视野，强化科学方法训练以及学术素养提升，鼓励学科交叉，在多种形式的学术研讨交流、科研任务中提升科学求真的原始创新能力，注重加强学术学位各学段教学内容的纵向衔接和各门课程教学内容的横向配合。

11.1.2　研究生考试

全国硕士研究生招生考试分为初试和复试两个阶段进行。初试和复试都是硕士研究生招生考试的重要组成部分。初试由国家统一组织，复试由招生单位自行组织。初试方式分为全国统一考试、单独考试以及推荐免试。初试科目分为全国统一命题科目和招生单位自命题科目。

以《2024 年全国硕士研究生招生工作管理规定》为例，硕士研究生招生初试一般设置四个单元考试科目，即思想政治理论、外国语、业务课一和业务课二，满分分别为 100 分、100 分、150 分、150 分。

教育学、历史学、医学等门类学术学位硕士研究生初试设置三个单元考试科目，即思想政治理论、外国语、专业基础综合，满分分别为 100 分、100 分、300 分。

体育、应用心理、博物馆、药学、中药、临床医学、口腔医学、中医、公共卫生、护理、医学技术、针灸等专业学位硕士研究生初试设置三个单元考试科目，即思想政治理论、外国语、专业基础综合，满分分别为 100 分、100 分、300 分。

会计、图书情报、工商管理、公共管理、旅游管理、工程管理和审计等专业学位硕士研究生初试设置两个单元考试科目，即管理类综合能力、外国语，满分分别为 200 分、100 分。

复试是硕士研究生招生考试的重要组成部分，用于考查考生的创新能力、专业素养和综合素质等，是硕士研究生录取的必要环节，复试不合格者不予录取。复试办法和程序由招生单位公布。

复试时间、地点、内容、方式、成绩使用办法、组织管理等由招生单位按教育部有关规定自主确定。复试办法和程序由招生单位公布。招生单位原则上应采用命制多套试题、安排考生随机抽取试题等方式加强复试过程管理。招生单位全部复试工作一般应在录取当年 4 月底前完成。

【阅读材料】

推荐免试研究生

普通高等学校推荐优秀应届本科毕业生免试攻读硕士学位研究生（以下简称推免生）是全国研究生招生工作的重要组成部分，是研究生招生制度改革的重要内容，是激励高校在校学生勤奋学习、积极创新、全面发展的有效措施，是提高研究生选拔质量，培养拔尖创新人才的重要保证。

免试，是指普通高校应届本科毕业生不必经过全国硕士研究生入学统一考试的初试，直接进入复试；推荐，是指普通高等学校按规定对本校优秀应届本科毕业生进行遴选，确认其免初试资格并向招生单位推荐；接收，是指招生单位对报考本单位的具有免初试资格的考生进行的复试和录取。

近年来，各高校通过举办夏令营选拔优质生源，利用一周左右的暑假时间与学生深入接触。活动内容包括参观实验室、介绍导师研究方向、举办学术交流会等，并通过笔试、面试、实验测试等多种方式考核学生，最终确定是否发放拟录取通知书。学生可以通过各高校网站查询暑期夏令营相关信息。

11.1.3　研究生报考条件与报名流程

因考试政策、内容不断变化与调整，研究生报考条件与报名流程以《2024 年全国硕士研究生招生工作管理规定》为参考。读者可扫二维码查看。

拓展阅读

【阅读材料】

国家线：考研国家线，是国家确定的初试成绩基本要求，包括应试科目总分要求和单科分数要求。教育部根据全国不同地区经济发展情况和教育水平等分为一区和二区。教育部按照一区、二区制定并公布参加全国统考和联考考生进入复试的初试成绩基本要求。报考地处一区、二区招生单位的考生，分别为 A 类考生和 B 类考生。

自划线：自主划线是经教育部批准的部分招生单位可自主确定考生进入复试的初试成绩基本要求及其他学术要求。目前，只有 34 所高校有权自主划线。34 所自主划线高校的复试工作先于其他高校进行，可以将未通过一志愿复试线的考生及时调剂至其他高校，使其他招生单位和考生的调剂更加主动。

教育部每年会发布全国硕士研究生招生考试考生进入复试的初试成绩基本要求，也即国家分数线。根据《全国硕士研究生招生工作管理规定》，各招生单位将在国家分数线的基础上，自主确定并公布本单位考生进入复试的初试成绩要求及其他学术要求。

11.1.4　大学生报考研究生的对策

习近平总书记强调："研究生教育在培养创新人才、提高创新能力、服务经济社会发展、推进国家治理体系和治理能力现代化方面具有重要作用。"一直以来，名校对考研学生都有着巨大的吸引力。每个学校都有优势专业，名校的确是在专业实力和数量上更胜一筹，但名校考研竞争激烈，分数线高，录取比例低……对很多人来说不一定是最优选择。针对大学生考研所面临的问题给出以下建议。

11.1.4.1　大学生考研院校选择的对策

（1）对考研院校的初选

① 选择范围

在综合考虑专业选择、院校学科分析、学校声誉与专业优势的基础上，结合未来就业区域的规划，初步筛选出数十所目标院校。如果能力有限，好学校、好专业和好地区三者中能满足 1～2 个条件就行，原则上优先考虑专业。初选的院校要兼顾能冲的、稳妥的、能保底的不同层次。首先，要选择专业性强的行业院校。主要的参考信息有全国第四轮学科评估结果、国家重点学科名单、"双一流"建设高校及建设学科名单等。其次，选择好的综合性大学。

② 调研数据的收集

采用电子表格的方式，一一列出学校名称、学校地域、具体招生的学院和系、招生专业、各专业研究方向和考试范围、各方向招生人数等。为了减少以后的筛选工作量，最好一边搜集一边筛选，可以在表头中注明初选条件，如地域中注明要选择的省份或城市，专业中注明选择哪几个专业，招生人数中注明几人以上，考试范围中注明要避开的科目等。然后进入研招网的"硕士专业目录"，选择门类类别、学科类别、专业名称和学习方式，就能查询到招收该专业的所有院校，从各个院校就可以获取本专业各研究方向的招生情况。凡是符合初选条件的，就收集到表格中。

（2）对考研院校的细选

细选院校是通过最新报考信息和历史报考数据，结合自身的实际能力和未来发展规划，逐步缩小目标院校。

① 细选资料的搜集

细选院校时也可以采用电子表格的方式，列出最近几年各初选学校更多的专业信息，包括考试科目、初试书目、复试书目、统招录取人数、推免人数、报名人数、报录比、专业复试线（单科和总分）、复试规则、调剂规则等。还有两组分数也值得考生关注，一组是最终被录取考生的初试平均分（单科和总分），另一组是多数人被录取的分数范围（单科和总分）。要搜集这些数据，可以进入学校研究生院和二级学院网站查询。研招网、中国教育在线等网站也有一些信息，必要时还可以咨询研招办，或者通过本校老师、学长、考研机构等非官方渠道获取参考信息。报录比是一个很重要的调研数据，它是指报名人数与录取人数的比例，报录比是多少，就表示从多少个报名者中录取一人，报录比越高，录取率越低，就越不容易考上。近年来，全国研究生整体报录比从 3∶1 到 5∶1，但不同专业的报录比差距较大，例如某些高校工程类报录比从 1∶1 到 3∶1，而经济类、管理类可以达到 15∶1 到 50∶1。报录比可以通过复试名单和拟录取名单得知录取人数，如果报考人数较难查到，可以向研招办或考研机构咨询。复试分数线是招生院校对考生进入复试的初试成绩的基本要求，复试线分为国家线、自划线高校分数线、学校线和专业线，一般专业线大于或等于学校线，学校线大于或等于国家线，而自划线高校的分数线一般高于国家线。拟录取考生的单科成绩和总分，特别是录取平均分和分数的集中分布区间，对于我们的专业选择很有参考价值。

② 目标院校的筛选

首先，考生都比较关注考试科目、录取人数、报录比和分数线，对于成绩一般的考生，可以删除有不熟悉的考试科目的、专业统考录取人数太少的、报录比太高的和分数线太高的院校。其次，依照复试要求进行筛选。复试一般有笔试和面试，面试会考查英语听说水平、专业素质、思维能力、沟通能力、心理状态和行为举止等。复试规则中有两个重要概念，一是复试权重，指复试成绩占总评成绩的比例；二是复试差额比，指参加复试的人数与录取人数的比例。如果复试权重很大（如超过 50%），或者复试差额比很大（如超过 150%），就要有心理准备。考生必须关注院校近几年的复试内容、复试流程、材料要求、注意事项等内容及其变化。最后，结合研究方向进行筛选。研究生专业一般都有不同的研究方向，在一个学校中，同一专业的不同研究方向有可能归属于不同的学院。不同的研究方向有不同的培养目标、专业特点、适合报考的本科专业、考试科目、参考书、录取分数和招收人数。不同的研究方向可能有不同的导师，可以对导师的科研能力、指导水平、责任心、指导人数等进行了解，确保能选到"导学导研"能力强的导师。最好在考研前一年的 12 月之前，细选出 5 所左右不同层次的院校，要有可以冲刺和保底的学校。待复习了一段时间之后，在 9 月报名之前，对自己的学习效果进行模拟测试，对比往届被录取考生的各科分数范围和平均分，最终选出一所自己力所能及的最佳院校。

11.1.4.2　大学生考研专业选择的对策

（1）选择与本科所学专业相同或相近的专业

对于多数考生而言，经过数年的系统学习，已具备较为完整的专业知识结构和能力体系，考研时完全可以选择在本专业继续深造。建议咨询专业课教师或考研指导教师，明确本科专业对应的研究生二级学科，直接报考本专业研究生。此外，课程设置与本专业差异较小的相近专业，同样可作为备选方向。

（2）选择自己感兴趣的专业

兴趣既可以促进自己持之以恒地学习，也可以学得更轻松、更高效，因此，选择专业时应当忠实于自己的兴趣。部分学生经过两三年的学习对本科专业学习失去了兴趣，学习很吃力，或者发现对就业方向没有兴趣，那么就可以考虑重新选择考研专业。

（3）选择就业前景好的专业

了解社会需求，对比研究各专业的就业方向、工作性质和薪资水平等，找到就业前景好的专业。一般说来，招收人数多的专业，社会需求也多，就业面相对较广，但并不等于就业前景就一定好，因为也存在岗位竞争大的问题。另外，影响行业发展和供求关系的因素也比较多。相反，有的专业看起来就业面窄，但可能有一些就业方向不为大家所熟知。例如，图情专业主要就业方向是图书馆，但有很多毕业生却在企业、高校、银行和互联网企业等就业。另外，扩招的专业也值得关注。扩招既体现了国家和社会的需要，也意味着好的就业前景。

（4）跨专业考研（跨考）要注意的问题

跨考是对自己的挑战，不仅有风险而且道路艰辛，跨考失败会导致升学和就业处于两难的境地，因此，不能只凭就业前景或兴趣而盲目跨考。准备跨考的学生首先要考虑自己的学习能力，要避免选择高难度学科，或者从大二（甚至大一）就要开始准备。例如，数学复习费时且提分较慢，对于非金融专业的文科考生，如果数学基础差，就不太适合跨考金融、保险等方向。其次，要处理好本科专业学习与所跨专业学习之间的矛盾，既要跨考成功，又不能耽误本科专业的学习、毕业和就业。另外，跨考时尽量考虑到专业的关联性、交叉性和契合点，例如本科是计算机专业，研究生跨考到教育技术专业，就具有技术层面的知识优势。

11.1.4.3　大学生考研面临心理困境的应对策略

（1）做好职业生涯规划，避免盲目考研

对于很多本科生或者大专生而言，选择考研不仅可以获得更高学历，提高社会认可度，而且可以提高自身的综合素质，但并非所有的学生都适合考研与读研。部分报考研究生的同学因欠缺考虑、对自己专业不满意等才报考研究生，盲目地将考研作为自己大三、大四阶段的目标。这正是新生在入学之后没有进行学业规划，不能够很好地定位自己性格特点及发展需求造成的。因此，在新生入学后，要重视大学生入学教育、大学生职业生涯规划课程以及相关的专题讲座，不断认识自我、了解自我，提升职业发展理念，从而做出正确的决定。

（2）以兴趣为导向，避免从众型考研

2013 年，全国硕士研究生招生考试报名人数为 176 万，录取率为 30.63%，而十年后的 2023 年，全国硕士研究生招生考试报名人数为 474 万，研究生录取率不升反降，只有 16.7%。在这种情况下，大学生必须明确自己选择考研这一道路的初心和原因，究竟是为了个人的成长、必要的学历提升，还是暂时躲避就业，甚至受旁人影响，为考研而考研。一个人必须有自己的思考和判断，尤其是在面对是否考研这一人生抉择之时。避免从众型考研最好的方法就是以兴趣为导向，人只有对自己真正感兴趣的东西才能够有动力、不痛苦、日复一日地坚持下去，不受外界的干扰和质疑。

（3）提升自我效能感，避免焦虑型考研

随着考研的竞争日益激烈，考生在备考过程中往往会出现焦虑等消极心理，因此提升自我效能感对考生的身心健康至关重要。一方面，自我放松法。当一个人遇到压力时，若仅靠意志力抑制情绪，虽能暂时减轻焦虑感，却无法真正化解内心的情绪困扰，反而可能陷入更深层的心理困境。因此，考研学生可以采用自我放松法，如在不打扰别人的情况下，采取听音乐、看电影、逛街、适度旅游等方式来放松一下情绪，可以很好地减轻心理压力。另一方面，自我暗示法。这种方法通过内心的主观想象或内心独白进行自我刺激，能够改变行为和主观体验，从而实现心理调适的目的。在考研过程中，若学生出现心理问题，可通过主动进行言语暗示和行为暗示来有效缓解焦虑等不良情绪，从而走出心理困境，减轻心理压力。

【阅读材料】

考研择校误区早知道

误区一：考研就要去北上广，不然没有意义。

一线城市的教育资源令人向往，除名校外的同城各高校也能共享许多资源，有些专业的教学资源甚至要高于综合性院校。此外，如杭州、南京、武汉、西安、成都等城市，再如云南、广西、甘肃等西部省份，都有许多特色院校拥有优势专业值得报考。

误区二：大家都报考某学校／某专业，热门就错不了。

热门专业≠好专业，计算机、法律、会计、金融等考研热门专业的报录比一度突破10：1，竞争相当激烈。并且随着经济重心的变化，就业形势也在快速变化，某一专业的报考价值，不仅要看当前行业的前景和发展潜力，更要从国家远景目标考虑，进行长远的职业规划。

误区三：左右徘徊，频繁更换报考目标。

每年，都有一些考生在几所学校之间犹豫不决，看这个也好，看那个也行。然而，频繁更换目标院校的行为有害无益，不仅会浪费大量时间，还会影响考生复习的心情。所以，除非出现专业停招等不可抗力，一般不建议备考中途换院校。

误区四：报最贵的考研培训班就一定能上岸。

有些考生寄希望于考研辅导机构，企图交一笔高昂的学费就能一劳永逸。殊不知，考研规划与高考专业选择、职业规划是一样的，并非依靠某一机构的大数据就能筛选出最适合你的。建议考生通过研招网专业库查询专业目录，或登录学信网学职平台进行职业测评，以便选择适合的专业和职业方向。

误区五：某学长／学姐上岸了，我也一定能成功。

有些考生完全照搬前辈的备考经验，试图精准还原别人的备考全程。他人的学习经验并不完全适合你的能力与水平，可借鉴，不可套用。

11.2　出国留学

留学教育是培养具有先进理念、国际视野和掌握尖端科学技术等各方面人才的必要途径，它为中国革命和现代化培养了一大批精英。孙中山、黄兴、鲁迅等是这样，陈独秀、李大钊、周恩来、邓小平等共产党人也是这样。他们都带着强烈的使命感去学习，后来成为不同领域的精英。当代的留学教育对于培养新时期所需要的多种人才也具有重要的作用。

习近平总书记对人才尤其是留学人才在中华民族伟大复兴和科教兴国战略中的作用高度肯定，百余年的留学史是"索我理想之中华"的奋斗史。改革开放以来，留学教育成为党和国家培养人才、快出人才的重要国策，留学人才成为民族复兴和科教兴国的中坚力量。

11.2.1　理性看待出国留学

（1）留学的优势

① 拓宽视野：留学可以让学生接触到不同的文化、思维方式和社会制度，从而拓宽自己的视野。在国外学习，可以与来自世界各地的学生交流，了解不同国家的文化和传统，培养跨文化交流的能力。

② 提升语言能力：留学是提高语言能力的最佳途径之一。在国外学习，学生需要用外语进行日常交流和学习，这种环境可以促使学生快速提高语言水平，使其更加流利地表达自己的想法。

③ 学术研究机会：许多国外大学拥有专业的研究设施和资源，留学生有机会参与前沿学术研究，与国际顶尖学者合作，从而提升自己的学术能力。

（2）留学的挑战

① 文化冲击：留学生在国外可能会面临文化冲击，包括语言障碍、饮食习惯的改变、社交方式的不同等。适应新的文化环境需要时间和努力。

② 经济压力：留学费用通常较高，加上生活费用和其他开销，可能会给家庭带来经济压力。此外，留学生在国外可能还需要面临打工和生活费用的平衡问题。

③ 学业压力：国外的学习方式和教育体系可能与国内不同，留学生需要适应新的学习方式和教学方法。

11.2.2　留学目的国家/地区选择

首先可以了解目前主流的留学国家/地区，再根据自己的预算、不同国家/地区的申请难度、课程时长、毕业后在当地就业的难度等因素进行综合考虑。

想要了解主流留学国家/地区，首先就要了解世界大学排名及这些头部大学的主要分布情况。QS 世界大学排名（QS World University Rankings）是参与机构最多、世界影响范围最广的排名之一，其与泰晤士高等教育世界大学排名、U. S. News 世界大学排名和软科世界大学学术排名被公认为四大较为权威的世界大学排名，按照学术声誉、雇主声誉、师生比、每名教师的引用率、国际教师比例及留学生比例 6 大指标进行大学评估。选择留学就要尽可能选择 QS 排名前 100 的大学，可以说这些学校就是世界最顶尖的学校。了解了 QS 排名前 100 的大学所在国家/地区，就能帮助大家在大方向上明确留学的主要目的地。

近年来，中国仍是全球最大的国际学生生源国，但留学目的地分布正发生变化。受技术进步和区域性学科优势的影响，赴美国、加拿大、澳大利亚的留学生数量逐步下降；而由于学制较短、签证政策相对友好等因素，赴英国与欧盟国家的留学生人数显著增长；新加坡等也成为热门留学地。表 11-1 为不同国家/地区硕士项目情况对比。

表 11-1　不同国家 / 地区硕士项目情况对比

国家 / 地区	英国	美国	加拿大	澳大利亚	新加坡
申请难度	中	较难	难	易	易
学制	1 年	1~2 年	2~3 年	1~2 年	1~1.5 年
在当地就业	较难	中等	较易	较易	中等

11.2.3　留学目标学校 / 专业选择

选校有很多因素需要考虑，同学们应根据个人情况，综合考虑环境、学校排名、地理位置、项目具体情况等因素进行选择。

（1）留学选校应考虑的主要因素（表 11-2）

表 11-2　留学选校应考虑的主要因素

招生情况	学术情况	生活	未来发展
中国学生招生规模	学术声誉	安全	校友资源
中国学生录取率	师资力量	气候	实习 / 工作机会
硬性成绩要求	国际合作	城市 / 农村	教授的行业背景
是否有奖学金	授课方式	校园环境	就业率
奖学金申请难易	学制长短	校园文化	就业平均薪资

（2）留学选校时应避免的误区

① 唯排名论，觉得排名靠前的学校就是"好学校"。仅仅从排名中想要全面地了解一所学校的细节信息是比较局限的，比如招生政策、录取偏好、对国际生的友好程度、人才培养方向等。而且申请硕士和申请本科不同，留学读研更应该看重专业排名、导师的学术水平等。

② 选校不理性不客观，没有结合自身实际情况，盲目追求"名校"。在选校时应当客观评估自身条件，判断软硬实力是否符合名校标准；若一味追求"名校情结"，可能导致择校范围过窄，最终难以达成预期目标。

（3）意向专业选择

传统观念都是以校为大，专业排后，但根据现在整体的世界经济发展趋势，是否选对专业将会影响同学们的一生。毕竟选专业和选学校不一样，专业越读越"窄"，硕士或博士一旦选错了专业，想再换就很难。未来 10 年，整个世界的变化都会非常大，传统专业可能会被取代。具体选择何种专业，还是要与本人的教育经历、能力水平、兴趣特长以及未来的职业发展规划等相结合。

【阅读材料】

自费出国留学要注意五大问题

1. 要尽量选择质量比较有保证、办学声誉比较好的学校。应选择办学实力和水平被社会公认的学校，不要选择那些虽经所在国有关部门批准合法办学并能授予学位，但是其颁发的学历、学位却不被所在国政府教育主管部门或其授权的权威机构承认或注册的学校。而对那些虽被政府主管部门或其他有关部门认可，但办学质量和水平较低，其声誉不被社会各界广泛认可的学校，也要格外慎重。

2.要遵守留学国家的法律法规，包括按入学通知书确定的时间入学，按法规要求提供真实的学业证书、经济证明等材料。在国外留学期间遇到问题，应依法通过正常渠道予以反映和解决，要及时向中国驻外机构和中国相关部门报告相关情况。

3.通过自费出国留学中介服务机构办理出国留学，除应选择经过资格认定的合法自费留学中介机构外，还要核实和确认中介机构所办理的国外合作学校的实际办学资质、水平。要注意签署能保护核心利益的留学中介服务合同。建议使用或参考使用教育部等部门联合发布的《自费出国留学中介服务委托合同（示范文本）》。另外，要注意挑选业务能力比较强、声誉比较好的留学中介。

4.警惕两种具有欺骗性的非法留学中介活动。第一种是通过手机或互联网发布留学信息从事非法留学中介活动。这种非法中介活动，起初大多只提出很低的报价，甚至号称免收中介费，以获取消费者的好感，但在操作过程中却步步加价，直到留学者无法抽身。第二种是借助外国机构，如大学、学院、教育集团、中心、基金会"驻某地办事处"或代理人，或者私自举办所谓的国际教育展等直接从事留学招生活动。有的则以一份国外某机构精美的留学招生授权书来赢得人们的信任。这些机构或个人并没有取得留学中介服务资质，不能直接从事留学招生活动。

5.通过正规渠道全面了解国外情况，特别是国外学校情况，是非常重要的。要重视留学主管部门发布的留学预警、国外学校名单等相关信息。建议通过教育部教育涉外监管信息网，或咨询外国驻华使馆和教育部留学服务中心等正规渠道，查询和了解国外学校办学资质情况及其他相关留学信息。

11.2.4　留学深造前的准备

11.2.4.1　申请材料准备及院校考察要点

（1）申请材料准备

出国（境）留学深造所需申请材料主要包括以下六类：成绩单（transcript）、语言考试成绩（TOEFL/Ielts 等）、标准化考试成绩（GRE/GMAT 等）、申请文书（personal statement）、简历（curriculum vitae）、推荐信（recommendation letter）等。不同院校要求可能略有不同。

（2）院校招生考核要素

申请顶尖院校的优势专业并非易事，因此我们在准备申请材料前，必须充分了解这些名校的招生考核重点，方能做到知己知彼。一般我们将学校的考察点分为硬件和软件两个方面。

出国（境）深造本质上是一个求学的过程，所以在校学习成绩等硬件条件是最基础的。其次就是学术背景的增加和补充，从而满足招生官对于学术能力的考查。最后，在一定学术能力的基础上再加入实习实践等经历，作为自己的加分项。

个人陈述是招生官特别关注的部分，其中应重点强调自己的科研经历、学术能力、实习实践经历、社团活动等，以此证明自己能更好地适应学校的学习生活，出色地完成学习和科研任务，并且以优异的表现顺利毕业。

11.2.4.2　留学深造准备时间规划

出国（境）留学深造需要同学们有一个清晰的时间规划，在对的时间做正确的事。充分了解出国（境）留学深造的最新趋势，并结合自身实际情况来准备。申请准备的过程也是一个让自己逐渐变得优秀、羽翼丰满的过程。留学时间规划建议请扫码查看。

拓展阅读

【阅读材料】

奖学金申请

对于在外留学的学生，每年年初，我国驻外使领馆教育处会通过其网站或微信公众号发布奖学金申报通知，国家留学基金委也会在其网站同步发布。这类项目通常包括国家建设高水平大学研究生项目和艺术类人才培养特别项目。如有意向申请，请登录相关网站，根据提示申请。

国家留学基金委设立的国际组织实习项目面向国内外本科及以上在校生及学士学位获得者开放（含资助期内的国家公派留学人员）。具体信息可通过驻外使领馆教育处组网站、微信公众号或国家留学基金委官网查询。

每年年中，国家留学基金委网站及我驻外使领馆教育处将发布国家优秀自费生奖学金项目申请通知。凡年龄在40周岁（含）以下、攻读博士学位一年级（不含）以上的自费留学生，均可申请参评。具体申请事宜可咨询驻当地使领馆教育处。

参考文献

[1] 胡娟 . 大学制度论 [M]. 北京：中国人民大学出版社，2015.

[2] 刘路，刘志民 . "后发型"世界一流大学内部治理研究 [M]. 南京：东南大学出版社，2019.

[3] 德吉夫，包艳华 . 新中国成立 70 年来高等教育重点建设政策的选择与变迁 [J]. 中国高教研究，2019(11): 21-26.

[4] 朱德全 . 新文科时代教育学一流学科建设的理论逻辑与学科范式 [J]. 教育研究，2023, 44(05): 30-42.

[5] 盛欣，刘铁芳 . 中国高校重点学科建设政策的演进逻辑与基本特征——基于 32 份政策文本的分析 [J]. 现代大学教育，2023, 39(01): 87-94.

[6] 周海涛，郑淑超 . "四新"学科建设的优化路径 [J]. 中国电化教育，2022, (04): 9-15.

[7] 张磊 . 大学生阅读素养教育的新切入点："阅读个性"重要性探析 [J]. 大众文艺，2023(6): 146-148.

[8] 夏翠翠 . 大学生心理健康教育：慕课版 双色版 [M]. 2 版 . 北京：人民邮电出版社，2020: 84.

[9] 林明榕，魏峰 . 学习的基本规律探索 [J]. 今日科苑，2013, (11): 3.

[10] 王宏伟，莫时顺 . 大学生新生入学教育 [M]. 2 版 . 武汉：华中科技大学出版社，2011.

[11] 王青 . "以人为本"理念下高校学籍管理水平提升对策 [J]. 科教导刊，2022(27): 10-13.

[12] 张帆 . 学分制下的高校教育改革特征与发展模式 [J]. 长春大学学报，2022, 32(06): 97-100.

[13] 李丹青 . 大学生学习生活指导 [M]. 北京：科学出版社，2004.

[14] 郝贵生 . 大学学习学 [M]. 北京：人民出版社，2001.

[15] 邵瑞珍 . 教育心理学：修订本 [M]. 上海：上海教育出版社，1997.

[16] 刘跃进 . 政治安全的内容及在国家安全体系中的地位 [J]. 国际安全研究，2016, 34(6): 3-21，141.

[17] 李丽 . 发展导向下的经济安全治理工作开展策略——评《经济安全与经济发展研究》[J]. 中国安全科学学报，2021, 31(09): 197.

[18] 陈满先 . 探析构建国防教育学科理论体系的逻辑起点 [J]. 国防，2011, (09): 55-57.

[19] 罗雄 . 总体国家安全观视域下普通高等学校国防教育路径优化研究 [J]. 湖北开放职业学院学报，2023, 36(20): 127-130.

[20] 柳清秀，付佳，柳隽宇 . 构建高校大学生人身安全保障体系的探讨 [J]. 中国电力教育，2008(5): 127-129.

[21] 马文璐，赵永吉 . 新时代高等农业院校大学生国防教育体系探析 [J]. 沈阳农业大学学报（社会科学版），2020, 22(06): 753-758.

[22] 张慧 . 大学生心理健康教育的困境及出路 [J]. 中国电化教育，2023(12): 99-105.

[23] 刘明娟 . 积极心理学对大学生心理健康教育的启示 [J]. 教育理论与实践，2022, 42(21): 50-52.

[24] 曾宪立 . 网络时代的心理健康教育与安全行为管理——评《网络时代大学生心理健康理论与方法》[J]. 中国安全科学学报，2022, 32(12): 195.

[25] 陈巧蓉 . 大学生网络心理特征分析及导向对策 [J]. 西南民族大学学报（人文社科版），2008, 29(5): 203-205.

[26] 刘席文，赵平 . 浅析大学生情绪管理 [J]. 才智，2015(17): 211.

[27] 纪怀晨 . 大学生心理健康与情绪管理的关系探究 [J]. 教师，2023(11): 3-5.

[28] 鲍作臣，贾洪武，刘春娇，等 . 大学生心理压力调查分析 [J]. 齐齐哈尔医学院学报，2011, 32(11): 1808-1809.

[29] 王相，杨冰双 . 关于大学生压力管理策略的探讨 [J]. 教育教学论坛，2016(22): 17-18.

[30] 韩伟 . 当代大学生心理危机的成因及表现 [J]. 世纪桥，2014(5): 17-18.

[31] 张晓洁 . 大学生心理危机防范和快速反应机制研究：以韩山师范学院旅游管理与烹饪学院心理健康工作为例 [J]. 课程教育研究，2017(23): 229-230.

[32] 陈曦 . 新时代高校学生纪律法制教育精准化探赜 [J]. 北京科技大学学报（社会科学版），2023, 39(1): 37-43.

[33] 刘姗姗，杨娜，李会先 . 新时代大学生纪律教育的有效路径 [J]. 高校辅导员学刊，2018, 10(2): 54-57.

[34] 丁月南 . 新时代大学生纪律意识教育研究 [D]. 济南：山东师范大学，2022. DOI: 10.27280/d.cnki.gsdsu. 2022.000750.

[35] 张晓凤 . 大学生诚信教育的若干思考 [J]. 现代经济信息，2016(13): 409-410.

[36] 陈大为 . 大学生勤工俭学的法理分析 [J]. 山东青年政治学院学报，2016, 32(05): 60-64. DOI: 10.16320/j.cnki. sdqnzzxyxb.2016.05.010.

[37] 何辉 . 大学生职业规划与就业路径研究 [J]. 现代职业教育，2021(20): 198-199.

[38] 宋荣绪 . 大学生职业生涯规划的问题与对策 [J]. 教育与职业，2006, (20): 56-57.

[39] 李军民 . 转变错误就业观，树立正确就业观 [J]. 考试周刊，2009, (47): 200-201.

[40] 李春玲 . 风险与竞争加剧环境下大学生就业选择变化研究 [J]. 中国青年社会科学，2023, 42(05): 19-29. DOI: 10.16034/j.cnki.10-1318/c.2023.05.011.

[41] 李阳 . 浅谈当代大学生就业观念存在的问题及其对策 [J]. 学周刊，2014.DOI: CNKI：SUN：XZHK. 0.2014-04-003.

[42] 周永胜，周一爽，朱劲谕，等 . 本科生选择考研院校和专业的实践与探索 [J]. 科教文汇（上旬刊），2021, (22): 12-15.DOI: 10.16871/j.cnki.kjwha.2021.08.004.

[43] 朱东缘，徐敏，张文婧，等 . 新就业形势下考研大学生的心理状况与需求——以毕业生考研心理变化探求合理对策 [J]. 黑龙江人力资源和社会保障，2022, (07): 125-127.

[44] 胡宗群 . 考研学生心理健康问题与对策研究 [J]. 产业与科技论坛，2023, 22(11): 80-81.

[45] 陆军，宋筱平，陆叔云 . 关于学科、学科建设等相关概念的讨论 [J]. 清华大学教育研究，2004, (06): 12-15.

[46] 刘献君 . 论高校学科建设 [J]. 高等教育研究，2000(05): 16-20.

[47] 冯向东 . 学科、专业建设与人才培养 [J]. 高等教育研究，2002(03): 67-71.

[48] 顾佩华 . 新工科与新范式：概念、框架和实施路径 [J]. 高等工程教育研究，2017(06): 1-13.

[49] 何东昌 . 中华人民共和国重要教育文献 [M]. 海口：海南出版社，1998.

[50] 徐林 . 交叉学科人才培养高质量发展：逻辑脉络、关键挑战与实现策略 [J]. 高校教育管理，2023, 17(01): 35-46.

[51] 张艺君 . 高校学科建设目标责任制的运行逻辑、管理困境与治理改革 [J]. 中国政法大学学报，2023(01)： 66-82.